# VIE ET POÉSIES

DE

# L'ABBÉ MONTEUUIS

*Doyen de* GUÎNES *(Pas-de-Calais)*

PUBLIÉES

Par l'Abbé Gustave MONTEUUIS

Lauréat de l'Académie française

Professeur de Philosophie à l'Institution N.-D. DES DUNES (Dunkerque)

*Avec un Portrait d'après* ALPHONSE DE NEUVILLE

Laissez venir à moi les petits enfants.
(SAINT MARC.)

PARIS

VICTOR RETAUX, LIBRAIRE-ÉDITEUR

82, RUE BONAPARTE, 82

1895

ALBUM DE FAMILLE

—

# VIE ET POÉSIES

DE

# L'ABBÉ MONTEUUIS

DOYEN DE GUÎNES

# OUVRAGES DU MÊME AUTEUR

L'AME D'UN MISSIONNAIRE, *Vie du P. Nempon*, missionnaire
apostolique du Tonkin occidental. Préface de Mgr Baunard. 1 vol in-8º orné d'un portrait, chez Victor Retaux et fils, 82, rue Bonaparte, Paris (troisième édition). . .   5 fr. »
*(Ouvrage couronné par l'Académie française.)*

LE SIÈGE DE DUNKERQUE EN 1793, grand in-8º avec carte, chez Bergès, rue Royale, Lille . . . . . . . . . . . .   5 fr. »

LÉOPOLD Iᵉʳ, ROI DES BELGES, *sa vie et son œuvre*, petit in-8º de 96 pages, illustré de nombreuses gravures. Librairie de la Jeunesse, à Grammont, Belgique.. . . .   » 50

*(Ouvrage inscrit au catalogue des livres recommandés par le gouvernement pour les bibliothèques scolaires et les distributions de prix, par décision du ministre de l'Intérieur et de l'Instruction publique.)*

LE DRAME D'OBERAMMERGAU, *Souvenirs de voyage*, petit in-12, chez Bergès, rue Royale, Lille. . . . . . . . .   » 50

UNE AME GÉNÉREUSE, *Biographie de Paul Leroy*, petit in-8º, maison Saint-Joseph, 193, rue Solférino, Lille..   » 50

ANTOINETTE, *ou une enfant du Sacré-Cœur*, petit in-8º, maison Saint-Joseph. . . . . . . . . . . . . . . . .   » 50

ÉMILE COLIN — IMPRIMERIE DE LAGNY

L'Abbé Isidore Monteuuis

DOYEN DE GUINES ( P. DE C.)

1800-1876

Victor Retaux Édit.

# VIE ET POÉSIES

DE

# L'ABBÉ MONTEUUIS

*Doyen de* Guînes *(Pas-de-Calais)*

PUBLIÉES

## Par l'Abbé Gustave MONTEUUIS

Lauréat de l'Académie française

Professeur de Philosophie à l'Institution N.-D. des Dunes (Dunkerque)

*Avec un Portrait d'après* Alphonse de Neuville

Laissez venir à moi les petits enfants.
(Saint Marc, x.)

PARIS

VICTOR RETAUX, LIBRAIRE-ÉDITEUR

82, RUE BONAPARTE, 82

1895

*A MON PÈRE*

*Vétéran jubilaire de l'enseignement,*

*chef de la branche aînée des Monteuuis de Marquise, gardien fidèle des traditions de foi et de dévouement dont l'abbé Monteuuis fut pendant soixante années le sympathique représentant à Marquise, à Saint-Omer et à Guînes.*

*Son fils et son élève,*
*GUSTAVE MONTEUUIS,*
*Professeur.*

*Dunkerque, ce 1er juillet 1895.*

Cher Abbé Monteuuis,

Rentré de mes visites pastorales tout juste pour présider à la grande procession du Saint-Sacrement et pour repartir demain, je n'ai pu que jeter un rapide coup d'œil sur votre nouvelle esquisse, l'ALBUM DE FAMILLE, consacrée au vénérable et spirituel doyen de Guînes.

Toutefois ce coup d'œil m'a suffi pour juger et apprécier dans son ensemble ce nouveau travail de votre plume élégante et facile. Il prendra aisément sa place à côté de sa sœur aînée, « L'AME D'UN MISSIONNAIRE ». Il mérite d'être lu, et il n'est pas besoin d'être prophète pour prédire qu'il sera lu avec intérêt.

Recevez, Monsieur l'Abbé, l'assurance de mes sentiments dévoués en N.-S. J.-C.

† M.-A. SONNOIS,
Archevêque de Cambrai.

Cambrai, ce 16 juin 1895, au soir de la Fête-Dieu.

# PRÉFACE

—

« La famille de l'abbé Monteuuis saura
» bientôt quels trésors d'esprit il a laissés, non
» seulement dans nos souvenirs, mais aussi dans
» ses manuscrits, lisait-on dans un journal du
» Pas-de-Calais, le 21 mars 1876, au lende-
» main des funérailles du doyen de Guînes.
» Nous formons le vœu que les œuvres si re-
» marquables de M. Monteuuis soient coordon-
» nées et éditées, pour que ceux qu'il abandonne
» après plus de quarante années de sollicitude
» puissent encore s'abreuver aux sources de son
» génie. »

Quelques-uns nous reprocheront peut-être d'avoir attendu trop longtemps avant de donner à ses amis et à son peuple de Guînes ce recueil que tous réclamaient avec impatience. Nous ne croyons pourtant devoir ni nous repentir, ni nous excuser. L'œuvre ne pouvait que gagner à subir l'épreuve du temps : les allusions, les souvenirs de famille auraient pu provoquer chez nous un excès d'indulgence, et, pour être nées plus vite, ces fleurs répandues sur la tombe de notre cher oncle eussent risqué d'être éphémères. Après un intervalle de dix-neuf ans, on subit moins le charme de l'auteur et l'on songe davantage à la valeur de l'œuvre qui ne survit que par son propre mérite.

En l'année 1832, l'abbé Monteuuis, vicaire de la cathédrale de Saint-Omer, avait lui-même réuni ses premiers essais dans un PETIT ALBUM DU JEUNE AGE, à la première page duquel se lisait cette épigraphe si bien adaptée à son caractère et à ses poésies : LAISSEZ VENIR A MOI LES PETITS ENFANTS. Les pièces que l'abbé Monteuuis composa dans la suite eurent nécessairement une portée plus générale et s'adressèrent également à tous les âges. C'est pourquoi nous avons cru devoir abandonner le titre primitif et donner à ce nouveau recueil le titre non moins aimable d'ALBUM DE FAMILLE.

Pour répondre au désir des nombreux amis du doyen de Guînes, nous avons fait précéder les POÉSIES de sa BIOGRAPHIE. La famille recueillera pieusement ces leçons et ces exemples, et se formera encore à l'école du cher ONCLE L'ABBÉ, comme nous l'appelions dans notre enfance.

Les Guînois seront heureux et fiers de voir revivre leur vieux curé. « Qui n'a dans sa maison la photographie de M. Monteuuis? nous disait un de ses paroissiens. À côté du Christ il nous faut l'image de la Sainte Vierge sans doute, mais aussi le portrait de M. Monteuuis. » Les petits enfants connaissent le nom et les traits du prêtre vénérable dont leurs parents leur ont si souvent parlé. Mais, tous, jeunes et vieux, trouveront un charme nouveau à lire la vie de celui dont le souvenir éveille en leur cœur des sentiments si doux; et les parents pourront laisser à leurs en-

*fants, avec la physionomie souriante de l'abbé Monteuuis, l'édifiante histoire de son aimable charité.*

*Enfin le récit des vertus qui ont rendu l'abbé Monteuuis si cher à sa famille, si populaire à son peuple de Guînes, intéressera tous ceux qui se complaisent dans l'étude d'une belle âme.*

*Cette* BIOGRAPHIE *s'imposait d'ailleurs à l'éditeur des* POÉSIES *de l'abbé Monteuuis. La connaissance du poète rendra plus attrayante la lecture des œuvres qui furent véritablement l'expression de sa pensée, l'écho de son cœur et souvent même l'instrument de son apostolat. Vicaire à Saint-Omer, l'abbé Monteuuis écrivait pour attirer à lui les jeunes gens qu'il initiait ensuite à la pratique de la charité; doyen de Guînes, il composa la plupart de ses pièces pour évangéliser ses paroissiens ou venir en aide aux déshérités de la fortune; fidèle à sa famille, il redit son amour en ses plus beaux vers : jeune, il chante son père et sa mère, en de gracieux compliments; plus tard, son âme chante le départ à ses amis de Marquise et de Saint-Omer,* et, sur le seuil de la tombe, il reprend sa lyre pour dire un dernier adieu à tous ceux qu'il a aimés! Les POÉSIES, rattachées à leur cadre naturel, sembleront tomber des lèvres de celui qui les récitait avec autant de charme que d'esprit, et l'abbé Monteuuis, dans ses œuvres, comme au cours de sa vie, continuera de passer EN FAISANT LE BIEN.

G. M.

# BIOGRAPHIE

## DE

# L'ABBÉ MONTEUUIS

## CHAPITRE PREMIER

### LES PARENTS D'ISIDORE MONTEUUIS
### L'ÉDUCATION EN FAMILLE
### LE COLLÈGE DE SAINT-OMER

Isidore-Marc-Honoré Monteuuis naquit à Marquise le 1<sup>er</sup> novembre 1800 (18 brumaire, an IX). « Je voyage avec le siècle, disait-il parfois, faisant allusion à la date de sa naissance, mais je ne le suivrai pas jusqu'au bout. » Par sa mère, Geneviève Broutta, il appartenait à une des plus vieilles familles de Marquise, et par son père

Barthélemy, il remontait à la famille des Monteuuis de Desvres, dont plusieurs membres avaient rempli les fonctions d'échevin, mayeur ou vice-mayeur dans cette ville.

Le caractère d'Isidore ne se ressentit pas de l'époque troublée où il était né. Ses parents pourtant avaient subi dans toute leur étendue les épreuves imposées aux familles par les régimes sanglants et onéreux de la Révolution et de l'Empire.

Avant la Révolution, la famille Monteuuis était à la tête d'une « *Maison* », dont les attributions comprenaient, à la fois, l'agriculture, le commerce et l'industrie. Barthélemy avait connu ces jours de prospérité ; mais, bientôt, la tourmente révolutionnaire avait emporté tout le patrimoine. Les commissaires de la Convention s'étaient présentés ; en vertu de la *loi du maximum*, ils avaient acheté toutes les marchandises à des prix fixés par eux, puis les avaient payées en assignats. « Que faire en ces temps de terreur dont le souvenir fait encore frémir les honnêtes gens ? observe Barthélemy Monteuuis dans ses *Mémoires*. Il fallait passer par toutes leurs conditions, si l'on ne voulait pas attirer sur sa tête de plus terribles malheurs. » L'épreuve devint plus rude, lorsque la *Levée en masse*, décrétée le 23 août 1793, enleva au foyer Barthélemy et son frère aîné, au moment même où leurs parents ruinés avaient un plus pressant besoin de leur aide. Barthélemy faisait ainsi l'expérience d'une vérité que lui-même devait profondément inculquer à ses enfants, à savoir que l'homme, pour se faire une place honorable dans la société, ne doit compter, après Dieu, que sur son travail et sa vertu.

A l'époque de la naissance de son fils Isidore, Barthélemy aidait encore ses parents à réparer la brèche faite à leur fortune. Toutefois sa piété filiale ne pouvait lui faire négliger ses devoirs de père de famille, et il songeait à se créer une situation qui lui permît de subvenir aux nécessités qu'entraînait l'éducation de ses trois enfants. Une occasion favorable ne tarda pas à se présenter.

En l'année 1803, Napoléon Bonaparte, résolu à se venger des Anglais qui lui suscitaient des ennemis sur le continent, réunit au camp de Boulogne une armée de 175,000 hommes. Le séjour de cette grande armée nécessita l'organisation de nombreux services. En sa qualité d'*ancien officier de terre et de mer* (1), Barthélemy fut nommé *garde-magasin fournisseur des fourrages militaires*. Cette attribution, modeste à son origine, n'avait pas tardé à entraîner de grandes dépenses. Barthélemy, il est vrai, pouvait s'en reposer sur la maison Obry, de Paris, qui avait entrepris les fournitures de la grande armée. Il agissait en son nom, et celle-ci lui envoyait régulièrement le montant de ses débours.

L'heureux père de famille se réjouissait de pourvoir ainsi au service de l'État et à l'avenir de ses enfants, lorsque de nouveaux événements vinrent bouleverser la face de l'Europe. Les Anglais, menacés dans leur île, détournèrent sur d'autres le coup dirigé contre eux : une coalition se forma entre l'Angleterre, l'Autriche et la Russie, et l'*homme extraordinaire*, comme Bar-

---

(1) Lors de la *Levée en masse*, Barthélemy avait été proclamé lieutenant, bien qu'il ne fut âgé que de 19 ans. Après la fusion des *réquisitionnaires* avec les vieux soldats, il fut affecté à la marine et songea même un instant à devenir *officier marin*.

thélemy appelait Napoléon, transporta le camp
de Boulogne sur les bords du Rhin. Le gouvernement impérial n'avait pas songé à payer les
six millions qu'il devait à la maison Obry, et
celle-ci se trouva dans l'impossibilité d'acquitter
la dette contractée envers ses mandataires.
Barthélemy était ruiné une seconde fois.

Après la victoire d'Austerlitz, la maison Obry
réussit à se faire rembourser trois millions en
*biens nationaux* situés à Coblentz. Barthélemy
obtint pour sa part d'indemnité sept fermes
situées à Polish, près de Coblentz. Il se rendit
en Allemagne, à trois reprises différentes, cherchant à réaliser le prix de ces terres qu'il ne
pouvait songer à exploiter. Il réussit à en vendre
cinq ; mais il se vit réduit à gérer lui-même les
deux autres s'il ne voulait pas les abandonner
à vil prix. Comme on lui offrait, à Coblentz, une
place d'un revenu annuel de quatre mille francs,
Barthélemy, dont la famille avait continué de
s'accroître, se demanda s'il ne ferait pas bien
d'accepter cette situation. Quelles ressources
trouverait-il à Marquise ? Ici, au contraire,
l'avenir lui semblait assuré. Il en écrivit donc

à sa femme, lui proposant de venir s'établir dans leurs propriétés de Coblentz.

Geneviève Broutta s'effraya à la pensée de quitter Marquise pour transporter en pays inconnu ses sept enfants, dont l'aîné n'avait pas encore douze ans. Elle fit entrevoir à son mari que la mauvaise fortune pouvait une troisième fois s'abattre sur eux : en Allemagne une nouvelle catastrophe serait irrémédiable ; à Marquise, au moins, l'on pouvait compter sur le secours de la famille et des amis. Barthélemy céda à ces légitimes remontrances. « Je vendis à vil prix tout ce qui me restait, et je rentrai dans mes foyers après cinq absences et des voyages de plus de mille lieues, qui avaient entraîné de grandes dépenses. Mon avoir était réduit à bien peu de chose. »

Ainsi, les vicissitudes par lesquelles passa la France napoléonienne avaient failli jeter une seconde fois le trouble dans les destinées de la famille Monteuuis. La décision prise par le père conservait au pays natal un enfant de grande espérance, Isidore, avec les trésors de son cœur et les charmes de son esprit si français.

« Je ne perdis pas courage », poursuit Barthélemy dans son *Journal*. L'aspect de sa jeune famille, qui le reçut à Marquise avec les démonstrations de la plus vive tendresse, augmenta, si c'était possible, le dévouement du père, qui trouva dans l'inspiration même de son amour le relèvement de sa fortune et le salut de ses enfants.

L'instruction d'Isidore et de ses frères avait été forcément négligée au milieu des travaux du camp de Boulogne, des guerres de l'Empire et des longues absences de Barthélemy. Celui-ci avait, aux jours de l'épreuve, compris tous les avantages d'une instruction solide, et il voulait assurer à ses enfants ce bien, le seul vraiment inaliénable, parce qu'il est au-dessus des atteintes de la fortune et du malheur. Mais à qui les confier ? et comment supporter les frais de l'éducation distinguée qu'il rêvait pour eux ? Le père et la mère délibérèrent sur cette grave affaire, et Barthélemy résolut d'ouvrir lui-même un pensionnat et de continuer son œuvre en se faisant le précepteur de ses fils et de ses filles.

Vingt ans s'étaient écoulés depuis le jour où

Barthélemy avait été chassé par la Révolution du sanctuaire où il se formait à la science et à la vertu. Ses études, il est vrai, avaient été brillantes (1); néanmoins vingt années sont un temps suffisant pour entraîner quelque déchet dans les souvenirs. Le généreux père de famille ne consulta que son courage, reprit ses livres, et, à trente-six ans, se présenta aux examens du baccalauréat. On ne s'étonnera pas de voir ses enfants honorer les palmes académiques conquises par leur père, et l'on comprend que celui-ci les ait portées avec une légitime fierté, car elles témoignaient à la fois de sa science et de son dévouement.

Le 10 mai 1810, Isidore, alors âgé de neuf ans, prenait place sur les bancs de la nouvelle

(1) Dès l'âge de neuf ans (en 1783), ses parents, discernant en Barthélemy des qualités précoces, l'avaient confié à M. Cossart, licencié en Sorbonne, qui tenait un pensionnat en son presbytère de Wimille. Quatre ans plus tard, en 1787, Mgr de Pressy, évêque de Boulogne, ayant ouvert un concours pour attirer dans son petit séminaire les meilleurs sujets des écoles presbytérales, Barthélemy avait obtenu la première bourse. Tout en restant attaché au petit séminaire, il suivit les cours de rhétorique et de philosophie du collège de l'Oratoire. Ses études terminées, il comptait se rendre à l'Université de Paris pour prendre en Sorbonne le grade de docteur en théologie, lorsque les événements de 1789 l'empêchèrent de donner suite à ce projet.

école d'enseignement secondaire que son père ouvrait aux habitants du pays de Marquise.

« Le premier jour, je n'eus pour élèves que mes trois fils : Barthélemy, Marc et Isidore, et quatre externes, rapporte le maître de pension ; mais le nombre alla toujours croissant, en sorte que trois mois après, j'avais quinze pensionnaires et vingt externes (1). »

Les progrès d'Isidore furent d'autant plus rapides qu'il reçut de son père des soins plus assidus. Barthélemy Monteuuis ne se contentait pas de faire apprendre à ses élèves la théorie des manuels, mais lui-même, par ses explications, se mettait à la portée de leur intelligence, s'appliquant surtout à les former à l'orthographe et au style. « Je ne comprends pas que des Français ne sachent pas écrire en français », disait-il parfois, pour exciter l'ardeur de ses élèves. Il réunit toutes ses observations dans un *Cours d'instruction*, dont la méthode, la doctrine et l'esprit pratique initièrent graduellement ses en-

(1) Quelques années plus tard, Barthélemy fonda à l'intention de ses filles un pensionnat de demoiselles qui compta presque autant d'élèves que le premier établissement.

fants aux sciences dont leur âge était capable.

L'exemple du père appuyait l'autorité du maître, car Barthélemy Monteuuis consacrait de longues veilles à la correction des devoirs et à la rédaction de ses livres. « Chaque jour j'étais au travail dès trois heures du matin, rapporte-t-il, et j'écrivais jusqu'au lever des élèves. »

Isidore et ses frères se montrèrent jaloux de profiter de ces sages leçons, d'imiter ces nobles exemples et de contribuer par leur travail à la bonne réputation du pensionnat. La vigilance et la sollicitude de leur instituteur les tenaient en garde contre leur légèreté, ou mieux, son affection pour ses fils se traduisait par une surveillance plus attentive et une sévérité plus constante (1).

Isidore contracta au cours de ses premières études l'amour du travail, l'habitude de la précision et de la clarté, qualité précieuse que l'on

(1) Cette manière de faire est restée de tradition dans les institutions tenues par les enfants et les petits-enfants de M. Barthélemy Monteuuis. Il me semble encore entendre mon père punir deux élèves qui s'oubliaient à babiller en classe : « Un tel, deux fois le verbe bavarder, et Gustave, quatre fois... Cela va sans dire. »

retrouve aussi bien dans les élans de sa poésie que dans les périodes de ses discours.

Barthélemy ne se contentait pas de former ses élèves à l'art de bien écrire, il les forma surtout à l'art de bien faire. Son caractère, naturellement observateur, le portait aux réflexions morales et aux phrases sentencieuses auxquelles des souvenirs bibliques donnaient une forme plus précise encore. Ses élèves écoutaient avec un religieux respect ces maximes toutes de sagesse, de vertu et de piété. « *Le mensonge est le plus bas de tous les vices. — Rien n'est plus beau que la vertu. — Les bonnes œuvres, quelque difficulté qu'elles offrent, doivent être préférées aux mauvaises actions qui présentent plus d'agrément dans le principe, mais qui sont toujours suivies de justes remords. — La charité est douce et patiente, mais la douceur ne doit pas dégénérer en faiblesse. — Il est glorieux de mourir pour la patrie et non moins glorieux de servir le Seigneur.* » Souvent, pour donner à ses leçons une forme plus vivante, Barthélemy racontait quelque trait de patriotisme et de grandeur d'âme, célébrant, dans le style pompeux de la littérature impériale, d'Assas, Duguesclin, Bayard, saint Charles Borromée et saint Vincent de Paul, ces gloires de l'Église et de la France. Isidore goûtait ces nobles maximes et s'éprenait d'admiration pour les grandes âmes dont il devait un jour célébrer les vertus.

Sur la première édition de sa Grammaire, Barthélemy Monteuuis avait écrit : « *Cor et mentem colere nitimur.* Nous nous efforçons de cultiver l'esprit et le cœur. » Plus tard, se rendant le témoignage qu'il avait atteint son but, il changea sa formule : « *Cor et mentem colimus.* Nous cultivons et l'esprit et le cœur (1). » C'était vrai pour tous ses élèves ; c'était vrai surtout pour le jeune Isidore, dont l'esprit plus ouvert et le cœur plus docile avaient subi dans toute leur efficacité la sage direction et la douce influence de son bien-aimé père.

Peut-être faut-il faire remonter à cette première jeunesse de l'écolier de Marquise deux

(1) « L'enfant, sous son habile direction, apprenait à devenir homme de bien ; et la morale la plus pure puisée aux sources de la Religion, formait le complément d'une solide instruction. J'en appelle à vos souvenirs. » (Eloge funèbre de Barthélemy Monteuuis par M. Follet, juge de paix à Marquise.)

tendances particulières à l'abbé Monteuuis :
l'amour du trait et le culte de la poésie. Il arrivait souvent au maître de pension de se départir
du sérieux de la classe pour distraire ses élèves
par quelque anecdote, quelque remarque pi-
quante, ou quelque réflexion humoristique. On
retrouvera dans les poésies familières de l'abbé
Monteuuis ces allusions charmantes toujours
fines et délicates où la bonté du cœur prévient
l'abus de l'esprit. D'autres fois Barthélemy composait quelque chant patriotique, quelque hymne
religieux pour exciter l'ardeur et la foi de ses
élèves. Le doyen de Guînes ne parla jamais sans
émotion de ces chœurs naïfs qu'il avait si souvent redits, et il adapta plusieurs cantiques au
chant par lequel débutaient toutes les classes à
l'école de son père :


Du courage!
Faibles enfants, profitons du jeune âge;
Songeons toujours au lointain avenir;
Par nos travaux nous pouvons l'embellir.
Du courage!

> Du courage!
> Avec ardeur, mettons-nous à l'ouvrage.
> Les grands hommes, que nous admirons tous,
> Furent enfants et petits comme nous.
> Du courage!
>
> Du courage!
> Sous un ciel pur sachons prévoir l'orage;
> Pour recueillir, semons dès aujourd'hui :
> Nos vieux parents ont besoin d'un appui.
> Du courage!

Les vertus dont ses parents lui offraient l'édifiant spectacle achevèrent de développer chez Isidore cette douce charité qui devait inspirer sa vie tout entière. Avant d'en formuler le précepte, Barthélemy Monteuuis et Geneviève Broutta avaient par leurs exemples montré à leurs enfants que la perfection de la justice chrétienne est dans la charité. Ceux qui ont bénéficié de leur générosité sont partis rejoindre leurs bienfaiteurs; mais les derniers survivants leur avaient rendu un éloquent témoignage, au jour des funérailles de Barthélemy. « Personne, affirmait M. Broutta dans son éloge funèbre, personne ne soulagea plus que lui la misère des pauvres. Aussi sa maison fut-elle appelée à juste titre « la maison de Dieu ». Geneviève Broutta fut associée à cette même expression de la reconnaissance publique, « elle, dont l'active charité soulagea tant de misères ». En effet la mère d'Isidore n'était pas moins admirable. Parfois même, excessive dans ses prodigalités, elle soulageait les pauvres et les malades au détriment des gens de la maison. « Il ne restera plus de soupe pour les élèves, si vous continuez à donner ainsi à tout venant », observait un jour son mari. Et la bonne Geneviève de répondre simplement : « On mettra un peu d'eau. Nos pensionnaires partageront avec nous le mérite de la charité. Après tout, ces braves gens sont plus malheureux qu'eux ! »

Ainsi grandissait Isidore à l'école du travail et de la bienfaisance, façonnant son âme sur les beaux exemples dont il était chaque jour l'heureux témoin. « Tel père, tel fils », avait écrit Barthélemy dans ses livres ; et c'est avec joie qu'il voyait cette vérité se réaliser dans l'enfant bien-aimé dont les traits reflétaient la douce image de son digne père.

Les nombreuses occupations du maître de pension ne permettaient pas à Barthélemy Monteuuis de donner à son fils les soins plus particuliers que réclamait l'étude du grec et du latin. Au mois d'octobre 1813, il le plaça au collège impérial de Saint-Omer où Isidore suivit la classe de quatrième. Il était âgé de douze ans.

Le collège de Saint-Omer venait d'être érigé en lycée par décret impérial du 29 août 1813, daté du quartier général de Dresde. Bien que cet établissement dût attendre de longues années avant de jouir des prérogatives attachées au nouveau titre, les idées napoléoniennes y étaient appliquées dans toute leur extension. Le culte de l'Empereur était un des principes de l'éducation de l'époque. « Toutes les écoles, était-il écrit dans les Constitutions de l'Université, prendront pour but de leur enseignement : 1° les préceptes de la Religion catholique ; 2° la fidélité à l'Empereur, à la monarchie impériale, dépositaire du bonheur des peuples et à la dynastie napoléonienne, conservatrice de l'unité de la France. » Le corollaire de ces principes politiques était le militarisme. Les collèges étaient organisés à l'image de l'armée, divisés en compagnies avec leurs sergents et leurs caporaux, et conduits au son du tambour. Le principal du collège de Saint-Omer, partageant l'engouement général pour « l'auguste souverain qui avait porté la patrie au sommet de la gloire », protestait ne connaître « aucun élève qui ne fût d'un naturel à faire tourner toutes ses facultés au bien de l'Empire ».

La droiture de jugement d'Isidore Monteuuis s'affirme dans les compositions qui datent de cette époque ou qui s'y rapportent. Ce qu'il y a de plus factice dans l'œuvre napoléonienne ne lui échappe pas plus que ce qu'il y avait de grand dans l'épopée qui ouvrit ce siècle : pour lui le génie ne justifie pas toutes les ambitions et toutes les entreprises, et un seul homme ne saurait remplir les horizons du patriotisme et se substituer à la France, sa patrie. Grâce à cette indépendance, à cette élévation d'esprit, Isidore évite les exagérations de tous les panégyristes de l'Empire et leur enthousiasme emphatique. Déjà, il est vrai, la marche aventureuse de Napoléon vers Moscou inquiétait ses plus chauds partisans et l'immense édifice napoléonien faisait entendre de sinistres craquements. Bientôt les événements de 1814 et de 1815 changèrent à la fois les destinées de l'Empire et le ton des discours universitaires : le lycée impérial de 1813 était devenu le collège royal de Saint-Omer.

La forte empreinte laissée dans l'âme d'Isidore par la première formation reçue à Marquise, les lettres et les avis du père suppléèrent aux lacunes d'une éducation consacrée presque tout entière au culte de Napoléon. Prévenu contre cette fâcheuse influence, le jeune élève put se livrer, sans danger et avec profit, aux études inscrites en 1802 au programme de l'Université. La part était à peu près égale entre les lettres et les sciences. « On enseignera essentiellement dans les lycées le latin et les mathématiques », était-il écrit dans les constitutions. Ce nouveau programme allait bien au caractère d'Isidore. Toutefois la littérature garda toujours ses préférences. Il goûta les charmes de Virgile, sa douce imagination et ses accents émus; il apprécia Corneille et Racine dont la lecture excitait en son âme les émotions les plus vives ou l'admiration la plus généreuse ; et bientôt lui-même s'essaya à composer quelques vers, car, au témoignage de ses condisciples « ce goût, ou plutôt cette passion, était née avec lui ».

Les brillantes qualités dont Isidore n'avait pas tardé à faire preuve, la sûreté de son goût, la richesse de son imagination, l'aisance de son style et surtout un talent de déclamation peu ordinaire lui valurent de figurer plusieurs fois dans les séances littéraires « et exercices de délassement où les amis de l'éducation et de la littérature étaient priés de venir encourager et interroger une jeunesse intéressante par les efforts qu'elle faisait pour obtenir leurs suffrages ». Ce sont les expressions dont *la Feuille de Saint-Omer* se sert pour caractériser ces séances.

Isidore Monteuuis avait à Saint-Omer la réputation d'un élève également distingué par son caractère et sa science : « Les précieuses qualités de son esprit recevaient un nouveau lustre des excellentes qualités de son cœur. C'est ce qui le faisait rechercher par ses condisciples qui tous se plaisaient à reconnaître sa constante supériorité, et dont il avait su gagner l'affection, par la candeur et la sensibilité de son âme, la douce aménité de ses mœurs, les charmes de sa conversation et les innocentes saillies de l'esprit le plus aimable (1). »

Dès son entrée au collège, Isidore Monteuuis s'était placé au premier rang, et avait emporté le premier prix d'excellence. Au cours de ses classes il continua de primer, puis, en sa dernière année, en 1818, comme pour mieux marquer l'universalité de ses connaissances, la souplesse de son intelligence et le développement harmonieux de toutes ses facultés, le jeune lauréat des séances dramatiques et littéraires, connu surtout par sa réputation de littérateur et de poète, sortit du collège royal de Saint-Omer, emportant le premier prix du premier cours de mathématiques.

(1) Nous ne nous sommes pas fait scrupule d'appliquer à l'abbé Monteuuis ce portrait qu'il traça lui-même de M. l'abbé Deron. (*Mémoires de la Société des Antiquaires de la Morinie*, I<sup>re</sup> année, 1833. Notice biographique de M. Deron, curé-doyen de Notre-Dame.) Il est à remarquer que, dans ses Eloges funèbres et Notices, l'abbé Monteuuis s'est souvent dépeint lui-même, prêtant ingénûment ses idées et ses sentiments aux autres et esquissant l'idéal qu'il voulait, qu'il devait réaliser lui-même.

# CHAPITRE II

## M. ISIDORE MONTEUUIS FONDE UN PENSIONNAT A GUÎNES

Barthélemy Monteuuis avait souvent redit aux parents qui lui confiaient leurs enfants ce mot de l'Écriture : « Instruisez votre fils, et il sera la consolation de votre vie ». Il goûta toute la vérité de cette parole en voyant revenir à Marquise son fils Isidore chargé de lauriers. Mais bientôt un autre souci succéda au premier : « Quelle direction imprimer à ce jeune homme si bien doué? Quelle serait sa vocation? »

Le vieux professeur avait toujours manifesté le désir de voir ses enfants s'associer à lui dans la grande œuvre de l'éducation de la jeunesse : il

considérait cette mission comme un service public
et une sorte d'apostolat et il eût été heureux de
voir ses enfants se dévouer, comme lui et avec
lui, à la noble cause des lettres, de la religion
et de la patrie. De fait, ses enfants, formés à
son exemple et héritiers de son zèle, se sentirent
au cœur ce même goût, cette même passion de
l'enseignement. « Tous mes enfants ont ensei-
gné à l'exception d'un seul », proclamera un jour
Barthélemy avec un légitime orgueil. Déjà, à
cette époque, le second de ses fils, Marc-Ferdi-
nand, s'était rendu à Edmundton, en Angleterre,
dans la grande institution du docteur Firminger,
pour se perfectionner dans l'étude de la langue
anglaise. Isidore éprouvait aujourd'hui ce même
attrait, et répondrait bientôt aux espérances de
son père.

Le bonheur du nouveau bachelier eût été
complet s'il lui avait été permis de rester au
foyer de la famille; mais Barthélemy ne crut
pouvoir accepter la proposition de son fils
auquel une situation indépendante ménagerait
un plus brillant avenir. Isidore dut s'éloigner.
Toutefois, désirant de bénéficier encore de la

direction de son père et de l'affection de sa mère,
il se fixa dans une ville voisine, à Guînes, et y
ouvrit un pensionnat au mois d'octobre 1818.
En cette même année, son frère, Marc-Ferdi-
nand, rentrait d'Angleterre et fondait un établissement du même genre dans la ville de Bourbourg. L'activité des fils faisait honneur au père ;
et celui-ci, heureux de voir ainsi s'étendre son
action éducatrice, écrivait sur la nouvelle édition
de sa grammaire, parue le 29 décembre 1819 :
« *Cours d'Instruction suivi dans mes établisse-
ments et ceux de mes deux fils, maîtres de pension à Guînes et à Bourbourg.* »

La réputation du maître de Marquise valut
à son fils Isidore un accueil sympathique. Sa
jeunesse aurait pu éveiller quelque défiance,
mais le charme de sa personne triompha de
toutes les hésitations ; les élèves vinrent se grouper nombreux autour de lui dans la modeste
école de la rue du Château.

Isidore ne tarda pas à justifier la haute idée
qu'on s'était faite à Guînes du fils de Barthélemy Monteuuis. Ses classes furent très fré-
quentées ; beaucoup de parents l'appelèrent

chez eux pour diriger les études des enfants qui ne pouvaient aller jusqu'à lui. Le jeune professeur acceptait ce surcroît de travail, et pour satisfaire aux nécessités de l'existence, et pour donner une plus grande extension à l'exercice de son zèle. Parmi ces enfants privilégiés, initiés par M. Monteüuis lui-même aux premières notions de la grammaire française, se trouvait le jeune Jonas qui fut plus tard grand-doyen de la cathédrale de Boulogne. Le maître pouvait-il songer qu'il formait en cet enfant l'orateur qui prononcerait un jour son oraison funèbre en cette même ville de Guînes?

Les qualités personnelles de M. Isidore Monteuuis avaient attiré à lui ses premiers élèves; bientôt son mérite de professeur ajouta à cette réputation et accrut encore l'affection des enfants et la confiance des parents. Ceux-ci appréciaient le respect et le tact avec lesquels le jeune maître s'acquittait de ses délicates fonctions, et ceux-là se chargeaient eux-mêmes de publier ses louanges. « Le maître était vraiment l'ami », n'en déplaise au bon La Fontaine.

M. Isidore Monteuuis avait repris la devise

de son père : « *Cor et mentem colimus* ». Il en avait le droit, car, s'il cultivait les intelligences par un enseignement net et précis auquel les richesses de l'imagination et les charmes de la poésie ajoutaient un nouvel attrait, il insinuait au plus intime de l'âme des leçons de vertu et de piété qu'une sympathie mutuelle faisait accueillir avec la plus vive reconnaissance.

Le jeune professeur de Guînes était trop modeste et trop avisé pour ne pas aller souvent se retremper dans les principes de la discipline et de la science auprès du maître de Marquise. Barthélemy Monteuuis encourageait ces filiales confidences. « Je vous rappelle, écrivait-il à ses enfants, que vous me ferez plaisir en m'informant des découvertes nouvelles que vous aurez faites sur la grammaire ou sur toute autre partie de notre *Cours d'Instruction*. » Parfois même les conférences pédagogiques se prolongeaient trop longtemps au gré de la mère, Geneviève Broutta, jalouse de jouir de la présence de ses fils. « Allons, papa, allons, mes enfants, interrompait-elle brusquement, avez-vous bientôt fini de parler participes ? Occupez-vous donc

un peu de votre maman. Elle vaut bien un par-
ticipe ». Et tous de faire droit à ces légitimes
réclamations et de s'entretenir de sujets plus
familiers.

Le 3 janvier de chaque année, la mère avait
tous les honneurs de la famille et des deux pen-
sionnats, car c'était la Sainte-Geneviève. Son
époux lui cédait la présidence de la maison, et
Isidore composait quelques cantiques dans lesquels ses frères, ses sœurs et les autres élèves
célébraient la bonté de leur digne maîtresse
et de leur tendre mère.

La distraction favorite du professeur de Guînes
était la promenade à la forêt. Il aimait à s'y reposer, dans le calme et le silence, des fatigues et
du bruit de la classe. Son âme d'artiste, émue
par le spectacle des sublimes beautés répandues
dans la création, prêtait une oreille attentive à la
grande voix de la nature et donnait un libre
essor à une imagination que les vulgarités de la
vie ne pouvaient satisfaire. Il ne venait pas demander à ces lieux écartés les jouissances que
recherchent les désillusionnés du siècle ; il n'y
ressentait pas cette étrange compassion que des

poètes modernes prétendent éprouver pour tous les êtres de la création ; il avait une idée plus haute de lui-même, de la nature et de Dieu. Il admirait les beautés du monde qui, en leur muet langage, nous parlent si éloquemment de Dieu ; puis, des merveilles de la création, il s'élevait à la pensée de son auteur, à la beauté incréée dont les êtres ne nous offrent qu'un pâle reflet et une image imparfaite. Sous l'impression de ce bienfaisant spectacle, s'éveillait en son âme généreuse un ardent désir de faire connaître et servir ce Dieu si grand et si beau, une sainte ambition d'imiter la nature, de chanter Dieu comme elle, de lui rendre témoignage et de lui gagner des cœurs ; dans ses rêveries et ses méditations, il entrevoyait cet état sublime où l'homme ne tient plus à la terre que pour faire monter chaque jour vers le Ciel les adorations de la nature entière ; il songeait à chanter dans un autre temple l'hymne que la nature chante sous la voûte des cieux. Il aspirait à traduire aux hommes, ses frères, cet Évangile que Dieu a écrit lui-même au front de la nature, il voulait être prêtre.

Une circonstance particulière vint donner à

ses désirs une impulsion décisive. M. Monteuuis assistait à la première messe d'un jeune prêtre de la ville de Guînes. Au cours de la cérémonie, déjà bien éloquente par elle-même, l'orateur, faisant ressortir la sublimité du sacerdoce catholique, montra combien il est beau, généreux, consolant de travailler au salut des âmes et à la sanctification du monde. M. Monteuuis fut profondément ému. La grande voix qu'il avait entendue si souvent dans ses promenades à la forêt de Guînes venait encore de parler à son cœur ; c'était la voix de Dieu, il n'y avait plus qu'à obéir.

Avant de prendre une résolution définitive, Isidore, qui avait toujours consulté son père avec respect et confiance, voulut en référer à lui. C'est avec bonheur que Barthélemy reçut les confidences de son cher Isidore, dont il avait toujours apprécié l'élévation et la générosité. L'illusion était d'autant moins à craindre que le monde s'était révélé au jeune homme dans tous ses attraits et avec toutes ses séductions. Le digne père se félicitait d'autant plus de consacrer un de ses fils au service des autels que lui-même avait dirigé ses premiers pas vers le sanctuaire, jusqu'au jour où la Révolution avait violemment changé l'orientation de ses destinées (1).

Au mois d'août 1821, Isidore, après avoir fait ses adieux à ses élèves, se sépara de cette bonne population de Guînes qu'il devait revoir plus tôt qu'il ne pensait. Au mois d'octobre, il entrait au grand séminaire d'Arras. Il était âgé de vingt-et-un ans.

(1) Barthélémy Monteuuis était sur le point de se rendre en Sorbonne lorsque la Révolution entrava ses projets. Il passa au grand séminaire de Boulogne et y resta jusqu'au jour où le séminaire fut licencié pour avoir refusé d'adhérer à la constitution civile du clergé (23 janvier 1791). Le respect des habitants de Marquise garda le titre d' « abbé » au vénérable patriarche. J'eus à le constater à l'occasion de mes recherches sur son fils, le doyen de Guînes ; car cette confusion fut cause de nombreuses équivoques. Lorsque, à Marquise, je demandais des renseignements sur « *l'abbé Monteuuis* », on me répondait invariablement en me parlant de son père Barthélémy.

# CHAPITRE III



LE GRAND SÉMINAIRE D'ARRAS. — LA PAROISSE
DE NOTRE-DAME A SAINT-OMER.


Le souvenir des travaux qu'il avait acceptés
pour les autres fit apprécier par l'abbé Monteuuis à leur juste valeur les années qu'il allait
consacrer à sa propre formation. Le contraste
de la vie du séminaire avec la vie du monde
auquel il avait renoncé pour servir Dieu, lui
rendit plus doux les charmes de la solitude
et de la vie intérieure. Il n'avait plus besoin
de chercher à la forêt de Guînes le recueillement
et la paix ; tous ces biens étaient à sa portée,
dans son humble cellule de séminariste, ou
mieux encore, au pied du Très Saint Sacrement

où il pouvait méditer et adorer à son aise. Aussi goûta-t-il dans sa vivacité le bonheur de sa consécration cléricale, lorsque le 22 décembre 1821, il reçut la sainte tonsure qui le séparait du monde et le consacrait au Seigneur, désormais son seul amour et son unique partage.

L'abbé Monteuuis ne trouvait pas un moindre charme dans l'étude des questions qui forment le programme de tous les séminaires. Les sublimes vérités du dogme catholique et les préceptes si purs de la morale chrétienne charmaient son âme également éprise de vérité et de beauté. Cet amour assura le succès de ses travaux, car, au lendemain de son sacerdoce, son évêque lui remettait le *prix de théologie* dans une distribution solennelle restée de tradition au grand séminaire d'Arras.

Entre toutes les matières du programme d'étude, l'Écriture Sainte avait conquis ses préférences. Jadis il aimait à déchiffrer les paraboles écrites au Livre de la nature, « l'Évangile des Champs », selon le mot de Laprade ; combien lui semblait plus douce la parole des Livres Saints, combien était plus sacrée l'autorité de cet Évangile vivant, de Jésus-Christ lui-même « en qui sont cachés tous les trésors de la sagesse et de la science divines ». La connaissance et l'amour de Notre-Seigneur Jésus-Christ furent dès lors le principal objet de sa pensée et de son travail, comme ils devaient être dans la suite le thème de ses méditations et de ses discours.

La poésie n'avait pourtant pas perdu tous ses droits sur le cœur du jeune poète ; mais aujourd'hui elle était consacrée tout entière à célébrer les mystères de notre sainte Religion ou à exprimer les sentiments de la plus tendre piété. Tantôt, s'invitant lui-même à célébrer la Vierge Marie, il chantait :

> De concert avec l'ange
> Quand il la salua,
> Disons à sa louange :
> Un *Ave Maria !*

tantôt, dans des accents plus énergiques, il s'exhortait à rester fidèle au grand Maître auquel il avait voué son esprit et sa vie :

> Que le Cœur de Jésus soit toujours notre gloire !
> Au milieu des dangers qu'il soit notre soutien !
> Lui seul peut sur Satan nous donner la victoire,
> Lui seul peut nous guider dans la route du bien.

L'abbé Monteuuis devait rester de ces âmes qui chantent toute beauté dans le séjour de notre pèlerinage, selon le mot du chantre sublime des Psaumes : « *Cantabiles mihi erant justificationes tuæ in loco peregrinationis meæ.* » En collaboration avec l'abbé Planque, directeur de la maîtrise, il composa des cantiques qu'on redit encore aujourd'hui dans les églises du diocèse d'Arras. Le P. Garin en a conservé quelques-uns dans son beau Recueil, parmi lesquels cet appel à la Sainte Vierge :

> Blanche étoile des mers,
> Daignez, daignez nous luire ;
> Au nom des jours amers,
> Au nom des maux soufferts,
> Envoyez sur nos fronts la grâce d'un sourire
> Daignez, daignez nous luire,
> Blanche étoile des mers.

Voilà déjà longtemps que la tempête gronde,
Voilà déjà longtemps que le vaisseau du monde
          Roule au sein des récifs !
Il penche, il va sombrer sur quelque affreuse plage,
          Et déjà l'équipage
          Pousse des cris plaintifs...


          Blanche étoile des mers...


Dans l'usage prudent et modéré de son génie poétique, l'abbé Monteuuis donnait des ailes à sa foi et à sa piété, ramenant tous ses efforts à la fin suprême de ses études, Dieu et la religion.

Pendant trois ans, il poursuivit cette sainte préparation. Enfin le 25 juillet 1824 (1), il reçut des mains de Mgr de la Tour d'Auvergne l'onction sacerdotale, et se releva prêtre pour l'éternité. Ils étaient enfin comblés les ardents désirs qui jadis tourmentaient son âme, tout éprise d'idéal et de sacrifice ! Le temps ne put affaiblir les émotions douces et fortes du plus beau de

_______________

(1) Il avait reçu les Ordres mineurs le 21 décembre 1822, le Sous-diaconat le 17 janvier 1823, et le Diaconat le 23 avril 1824.

ses jours , et lorsque, cinquante ans plus tard,
au milieu des joies du jubilé, il célébra la grandeur et la beauté de la mission du prêtre, il
prononça des strophes si émues qu'on les aurait
crues écrites au soir de la grande journée où il
offrit à Dieu les prémices de son sacerdoce.


Oh ! que l'œuvre du prêtre est grande ! Qu'elle est belle !
Faire connaître, aimer et servir le Seigneur ;
Et, rappelant à tous sa bonté paternelle,
De tous lui conserver ou lui gagner le cœur !


Le jour même de son ordination, l'abbé Monteuuis était nommé vicaire de la paroisse Notre-
Dame, à Saint-Omer. Son curé, M. le chanoine
Deron, accueillit avec bonheur l'ancien élève du
collège royal, aux succès duquel il avait souvent
applaudi. L'expérience de la vie et la grâce du
sacerdoce ajoutaient une divine richesse aux
qualités aimables et brillantes dont l'écolier

avait donné tant de preuves sur un plus modeste théâtre.

La nomination de l'abbé Deron, comme doyen de la cathédrale, datait de cette même année. Jusqu'à cette époque, malgré ses soixante ans, il était resté vicaire. Le 24 janvier 1824, il avait succédé au vénérable M. Coyecques, comme curé de Notre-Dame, et vicaire général de l'arrondissement.

L'abbé Monteuuis entoura de soins et d'affection le bon prêtre que depuis dix ans déjà il avait appris à estimer et à aimer, ce confesseur de la foi qui, au jour de la grande épreuve, renonçant à ses biens, à ses dignités, à toutes les espérances de la terre s'était voué à la pauvreté, à la contradiction et à la mort, pour ne pas prononcer un serment que réprouvait sa conscience. Le vieux prêtre, sur les sollicitations de ses jeunes vicaires, leur racontait parfois les souffrances et les travaux de son exil. L'abbé Monteuuis gardait toutes ces paroles dans son cœur et il nous a révélé ces pieuses confidences dans une touchante biographie. Emprunter quelques pages à cet édifiant récit sera faire connaître à la fois le doyen et le vicaire, car l'imagination du poète et la charité du prêtre s'y reflètent et ajoutent un charme nouveau à la réalité de l'histoire.

En traversant la Belgique, le hasard, ou plutôt, la Providence voulut que l'abbé Deron s'arrêtât à l'humble presbytère d'un pasteur octogénaire et infirme. Pensant qu'il serait à son poste partout où il pourrait faire un peu de bien, il s'offrit à cet homme des anciens jours pour l'aider dans des fonctions trop pénibles pour sa vieillesse ; et bientôt, par ses soins et son zèle infatigables, les ronces et les épines disparurent et le bon grain remplaça l'ivraie dans ce champ presqu'en friche. C'est ainsi que par ses services, il payait au vieillard sa douce hospitalité, et tous deux bénissaient le Seigneur de les avoir réunis.

Hélas ! cet humble séjour de la paix et de la vertu faillit être changé en une maison de deuil et de mort. C'était au milieu d'une sombre nuit d'hiver. Déjà depuis longtemps les paisibles habitants du presbytère goûtaient le doux sommeil que donne une bonne conscience, quand tout-à-coup le saint exilé sent une main dure et froide s'appesantir sur sa bouche, et une voix sinistre et voilée lui dit : « Si tu bouges, si tu dis un mot, tu meurs. » Et il se sent lier sur sa couche par les pieds et par les mains; tandis qu'il cherche à rappeler ses esprits, à comprendre si ce qui se passe est un rêve ou une réalité, il entend au-dessous de lui des gémissements étouffés. C'est la voix du vieillard à qui des brigands passent et repassent la flamme sous les pieds pour l'obliger à leur découvrir son trésor. Hélas! le saint homme plaçait son humble avoir dans le sein des pauvres pour le faire saintement fructifier au centuple ; il n'avait pas d'autre trésor, et, sur sa réponse négative, on prolongeait, on redoublait ses tourments. Ses cris déchirants percent le cœur de son jeune coadjuteur, il oublie le soin de sa propre conservation, il ne pense qu'au vieillard, et, le sentiment de l'humanité lui donnant en ce moment une force surnaturelle, il fait un violent effort, rompt ses liens et s'élance par la fenêtre du second étage pour aller chercher des secours. Les brigands effrayés abandonnent leur victime, et le vieillard éperdu croit voir dans son libérateur un ange envoyé de Dieu, un ange que les anges, ses frères, ont soutenu dans sa chute de peur qu'il ne se brisât contre la pierre.

Après des épreuves de tout genre, le saint prêtre avait repris le chemin de la France. Il pleura sur les ravages du vandalisme et de l'impiété, car partout la main féroce et brutale du méchant s'était stupidement acharnée contre les lieux saints, et les maisons de prière n'offraient plus que des ruines : le lierre et la ronce couvraient les portiques écroulés des temples ou se traînaient le long des tronçons de piliers restés debout; l'herbe croissait sur les autels brisés et un silence de mort avait succédé aux saints cantiques des fidèles enfants de Dieu (1).

L'abbé Monteuuis comprenait d'autant mieux cette émotion que les ruines de Saint-Bertin étaient encore là, attestant la sauvagerie des persécuteurs et réveillant la tristesse des exilés.

C'est aux graves leçons d'une expérience aussi péniblement acquise que devait se former le nouveau vicaire.

Les souvenirs qu'Isidore Monteuuis avait laissés à Saint-Omer, son abord aimable et modeste lui valurent le plus bienveillant accueil. Sa piété, son zèle et sa charité, qualités rendues plus sensibles par l'émotion de ses discours, achevèrent de lui gagner la sympathie universelle.

Ses premiers sermons avaient fait sensation dans la ville : « Au temps de ma jeunesse, j'ai-

(1) *Mémoires des Antiquaires de la Morinie*, tome 1, p. 60.

mais beaucoup le théâtre, nous racontait un de ses auditeurs, et pourtant je sacrifiais volontiers ce plaisir pour entendre un sermon de l'abbé Monteuuis. Chez lui, tout était séduisant : les idées, les sentiments, l'attitude, le style, le ton de la voix, les gestes et la physionomie. C'était un véritable orateur. » En effet, sa parole, nourrie de souvenirs bibliques, brillante de toutes les richesses de la poésie, animée des sentiments les plus forts et les plus tendres, s'insinuait dans les esprits les moins prévenus. On ne pouvait l'entendre sans être charmé et touché; par le chemin du cœur il arrivait jusqu'à l'âme et atteignait ainsi le but de l'éloquence chrétienne, qui est de porter à Dieu.

Sa réputation se répandit bientôt dans tout le diocèse, et, le 6 février 1830, Mgr de la Tour d'Auvergne l'appelait en sa cathédrale d'Arras pour prêcher le panégyrique de saint Vaast, patron du diocèse. L'abbé Monteuuis ne fut pas moins apprécié à Arras qu'à Saint-Omer : « Une grande pureté dans le langage, un débit facile, de l'onction, des gestes toujours d'accord avec les paroles, lisons-nous dans le journal du 10 février 1830, telles sont les principales qualités de l'auteur du panégyrique de saint Vaast. »

Le soin qu'il apportait à la composition de ses sermons et de ses panégyriques imposait un grand travail au jeune débutant. Ce travail était d'autant plus considérable que l'abbé Monteuuis, malgré sa facilité de parole et la promptitude de ses réparties, ne s'abandonna jamais aux hasards de l'improvisation ; la perfection même de son style périodique l'aurait mis dans l'impossibilité de suppléer aux lacunes de la mémoire. Peut-être croyait-il devoir se prémunir contre les défections de son esprit naturellement distrait. Quoi qu'il en soit, jusque dans son extrême vieillesse, il écrivit ses sermons et les apprit par cœur. Cette affirmation rencontrera sans doute quelques incrédules, car jamais on n'entendit parler avec plus d'abandon et plus d'à-propos. « Son heureuse mémoire, son débit plein de naturel et de grâce faisaient croire à une véritable improvisation (1). »

L'abbé Monteuuis pensait que « la culture

_____

(1) *Annuaire du diocèse d'Arras*, 1877, par l'abbé Robitaille.

des bonnes lettres donne à l'âme le goût et l'habitude des jouissances pures, simples et douces, et conduit ainsi à la vertu et au bonheur ». Comme il avait bénéficié de cette heureuse influence, il voulut procurer à d'autres le même avantage. Il comprenait qu'il faut exercer l'activité de la jeunesse et les détourner des pensées vulgaires ou des plaisirs dangereux par l'attrait de la littérature, de l'histoire et de la poésie. A cet effet, il réunit plusieurs jeunes gens dans son humble maison de vicaire et fonda un *Cercle littéraire* dont il fut l'âme et le foyer. L'ancien maître de pension reparaissait dans le vicaire de Saint-Omer, et la charité du prêtre élevait le zèle du professeur. L'abbé Monteuuis profita de l'affection de ses jeunes amis pour leur inspirer les sentiments de respect, de piété, d'amour du sacrifice, qui animent la plupart des poésies composées à cette époque. Elles sont tantôt une prière, tantôt un plaidoyer en faveur des prisonniers, tantôt un appel à l'aumône, tantôt une exhortation au travail, tantôt une leçon de charité. La plus connue de ces pièces, « *Pour les pauvres* », fut dédiée à M. Édouard de Neuville.

La petite académie du presbytère prépara les voies à la « *Société des Antiquaires de la Morinie* », fondée à Saint-Omer en 1833. L'abbé Monteuuis et les jeunes gens de son cercle figurèrent parmi les membres fondateurs ; lui-même écrivit, pour le Bulletin de la Société, la « *Biographie de l'abbé Deron* », dont nous avons donné quelques extraits. Son plus intime ami, M. Édouard de Neuville, publia une *Méditation sur les ruines de Saint-Bertin*. Aux descriptions imagées, et surtout à la douce mélancolie qui fait le charme de ces belles pages, on reconnaît l'influence de l'abbé Monteuuis, et l'on comprend l'amitié qui unit ces deux âmes si bien faites pour s'entendre.

L'abbé Monteuuis avait une idée trop élevée du sacerdoce, il avait le cœur trop large et le zèle trop complet pour se laisser absorber par le souci de la prédication ou des travaux académiques. Loin de restreindre son apostolat à un petit groupe de choix, il se faisait tout à tous ; et si, dans sa vie, il a manifesté quelque préférence, ce fut à l'endroit des plus humbles et des plus abandonnés. Cet homme à l'esprit si délicat, aux manières si distinguées, aimait surtout à se trouver avec les ouvriers et avec les pauvres. Le peuple a cru à cet amour, et il a aimé cet homme de Dieu plus encore que les grands ne l'ont estimé. Trait d'union providentiel entre les pauvres et les riches, entre les faibles et les puissants, l'abbé Monteuuis a rempli dans toute son étendue le rôle du prêtre qui demande à celui qui possède et donne à celui qui n'a pas, se faisant accueillir avec une égale reconnaissance et de celui qui reçoit et de celui qui donne.

Il est des circonstances où petits et grands deviennent également misérables, parce qu'ils sont également dans le besoin. En ces occasions, plus que jamais, l'abbé Monteuuis était à la disposition de tous. « Arrivait-il, chez les pauvres comme chez les riches, une de ces catastrophes qui plongent les familles dans la désolation, à ces heures de deuil où les hommes, ennemis des larmes, s'éloignent des infortunes, toujours apparaissait le bon pasteur ainsi qu'un ange de consolation. Sa douce présence était déjà un soulagement. Il distribuait de l'argent et du pain aux nécessiteux, il pleurait avec ceux qui pleuraient, et ses larmes, tombant avec ses paroles bénies comme une rosée céleste sur les cœurs désolés, y faisaient germer l'espérance, la paix et la résignation (1). »

En l'année 1832, le choléra fit son apparition à Saint-Omer. Le curé et les vicaires de Notre-Dame rivalisèrent de dévouement ; et l'abbé Monteuuis put prendre sa part des louanges décernées au zélé pasteur dont il avait partagé les travaux. « Quand un fléau destructeur entra dans nos murs, portant avec lui l'épouvante et la mort, digne soldat de l'Homme-Dieu qui mourut pour ses frères, il ne laissa point aux autres le poste du danger. Combien de fois ne l'avons-nous pas vu, nouveau Belzunce, entrer, sans autre préservatif que sa confiance en Dieu, sous les toits infectés ! Il penchait ses oreilles sur les lèvres empoisonnées des mourants, il serrait affectueusement leurs mains, ces mains qui pouvaient inoculer la mort, et, le doux sourire de la compassion sur

(1) *Mémoires des Antiquaires de la Morinie*, t. I, p. 73.

les lèvres, il les consolait en leur montrant le ciel (1). »

Le 6 juillet 1825, l'abbé Monteuuis avait été nommé aumônier de la Maison de Justice de Saint-Omer. Cette mission, toute de miséricorde et de bonté, lui procura l'occasion de porter consolation et secours aux membres les plus déshérités de l'humanité. L'excès de la misère des malheureux prisonniers lui inspirait, semble-t-il, un surcroît de dévouement. Il se rendait souvent à la prison du mont Sithiu, et, descendant dans les cachots où les accusés attendaient que la justice humaine eût décidé de leur sort, il écoutait leurs confidences, recevait leurs recommandations, soutenait leur courage et relevait leurs espérances. — A cette époque, les Assises du Pas-de-Calais prononcèrent de nombreuses condamnations à mort. L'aumônier ne pouvait discuter avec la Justice, mais il s'appliquait de toutes façons à consoler ceux que la loi avait condamnés. Il les suivait avec une douce sollicitude et les préparait à la contrition de leurs

(1) *Ibid.*

fautes et au sacrifice résigné de leur vie. Dominant la tendresse naturelle de son cœur, par l'effort et l'ardeur de son zèle, il les accompagnait jusqu'au pied de l'échafaud et les embrassait au nom de Celui qui pardonne toujours. L'aumônier de la prison de Saint-Omer n'avait qu'à évoquer ses propres souvenirs pour composer les traits du tableau dans lequel il nous représente l'abbé Deron « sur la charrette fatale, la face rayonnante d'une auréole de charité. Tout entier à l'importante péripétie du drame qui va se consommer, il ne voit pas ce flot du peuple qui mugit à ses pieds, il ne songe qu'à sauver une âme ; et, tandis que la justice de la terre, inclinant son glaive, dit froidement à la victime : « *Meurs!* », lui, ministre du Dieu de miséricorde qui fit du repentir une seconde innocence, crie : « *Courage!* » jusqu'au moment suprême où elle est régénérée dans un baptême de sang (1). »

L'abbé Monteuuis parla toujours avec émotion de son ministère à la prison et des drames

<hr>

(1) *Mémoires des Antiquaires de la Morinie*, t. I, p. 73.

sanglants auxquels son devoir l'avait souvent mêlé. « On s'étonne parfois que Dieu puisse accueillir dans son éternité des gens qui se sont repentis quelques jours après une existence adonnée au crime, disait-il. Eh bien ! j'ai connu des condamnés à mort dont les juges auront à envier la place en paradis. Je n'en dis pas davantage. » En souvenir de ces fonctions d'aumônier, l'abbé Monteuuis garda précieusement l'humble croix consacrée par les larmes et le baiser des malheureux guillotinés. Il la préféra à tous les christs d'argent et d'ivoire que lui offrit plus tard la reconnaissance des plus fortunés ; et quand il voulut laisser un souvenir à la personne qui s'était dévouée à son service durant les dernières années de sa vie, il lui offrit le crucifix de la prison de Saint-Omer.

Le 23 octobre 1832, la cure de Notre-Dame devint vacante par la mort de M. l'abbé Deron. « Dix ans de ministère dans la paroisse de Notre-Dame avaient accoutumé les habitants à penser que le vicaire si aimé ne leur serait pas enlevé », rapporte le biographe de l'*Annuaire*. De nombreuses démarches furent faites auprès de

Mgr de la Tour d'Auvergne. Mais l'administration diocésaine ne crut pas devoir accéder à ce désir. Le 31 janvier 1833, M. l'abbé Duriez était nommé doyen. On pouvait prévoir dès lors le prochain départ de l'abbé Monteuuis. En effet, au commencement de l'année 1834, le curé de Guînes, M. l'abbé Tourtois, vint à mourir, et l'abbé Monteuuis fut désigné pour le remplacer.

Bien que cet éloignement fût prévu et que cette promotion fût tout à l'honneur de l'abbé Monteuuis, les habitants de Saint-Omer n'apprirent pas sa nomination sans de vifs regrets. Les paroissiens de la cathédrale, les habitués du sanctuaire de Notre-Dame des Miracles, et surtout les membres du Cercle littéraire le virent partir avec une profonde tristesse. Les journaux les moins favorables au clergé furent unanimes à faire l'éloge du prêtre que ses services avaient imposé à l'admiration de tous. « M. Monteuuis, premier vicaire de la paroisse Notre-Dame, vient d'être nommé curé de Guînes, écrivait le *Mémorial artésien* du 16 février 1834. Les vertus évangéliques de M. Monteuuis feront vivement regretter ce jeune ecclésiastique dans notre ville et assureront aux habitants de Guînes un pasteur instruit et tolérant. »

On ne sème pas le bien sans laisser quelque chose de son âme dans les sillons où on l'a jetée à pleines mains. L'abbé Monteuuis en fit l'expérience. Son émotion au moment de quitter la paroisse à laquelle il avait donné les prémices de son zèle ne fut pas moins vive que celle des paroissiens qui pleuraient son départ, et elle se traduisit dans les touchants *Adieux* qu'il adressa *à ses bons amis de Saint-Omer*.

Il faut partir !... une église orpheline,
Le front voilé, demande du secours,
Et Dieu m'envoie au bon peuple de Guînes :
A son bonheur, je vais vouer mes jours.
O mes amis, à l'humble presbytère
Venez souvent demander un abri ;
Ne passez pas ma porte hospitalière,
Souvenez-vous de votre jeune ami.

Souvent là-bas, au bois, dans la prairie,
Suivant de l'œil les nuages du ciel,

Je nourrirai ma douce rêverie
Des souvenirs du foyer fraternel.
De vous revoir savourant l'espérance,
Mon cœur alors volera jusqu'ici...
Mes bons amis, aux longs jours de l'absence,
Souvenez-vous de votre jeune ami.

Que vers le ciel souvent votre prière
Comme un parfum monte de votre cœur,
Pour demander à notre divin Père
Qu'il soit en aide à moi pauvre Pasteur.
Je vous mettrai souvent sur ma patène,
Pour que chacun du Seigneur soit béni!...
Oh ! par vos vœux payez ma douce peine...
Souvenez-vous de votre jeune ami.

Si quelque jour du paisible hyménée
Vous désirez contracter les doux nœuds,
Si, tendre mère, une épouse adorée
De votre amour vous offre un gage heureux,
Pour cimenter cette union si pure,
Et pour bénir ce rejeton chéri,
Dans ces moments où sourit la nature,
Souvenez-vous de votre jeune ami.

Ni la vertu, ni l'amitié solide,
Ne peuvent rien sur les arrêts du sort...

Faibles ruisseaux, d'une pente rapide
Nous courons tous au gouffre de la mort.
Mais, avant moi si l'un de vous succombe,
Loin de mon cœur un criminel oubli !
Triste et pensif, à genoux sur sa tombe,
On me verra priant pour mon ami.

Mais bannissons de pénibles alarmes...
De ce beau jour ne pensons qu'à jouir :
A ce banquet si nous versons des larmes,
Oh ! que ce soient des larmes de plaisir !
Que de vos cœurs la chaîne fraternelle
Plus doucement m'environne aujourd'hui...
Portez un toast à l'*Amitié fidèle*,
Souvenez-vous de votre jeune ami.

# CHAPITRE IV

## L'ABBÉ MONTEUUIS, CURÉ DE GUÎNES (¹)
### SON MINISTÈRE

L'abbé Monteuuis ne s'était pas trompé sur l'accueil que lui ferait le « bon peuple de Guînes ». S'il avait gardé un excellent souvenir de cette ville témoin de ses premiers travaux, les Guînois, de leur côté, n'avaient pas oublié le jeune professeur qui avait prodigué à leurs enfants les lumières de son intelligence et les tendresses de son cœur.

(1) Guînes avait déjà compté un membre de la famille Monteuuis dans son clergé : Pierre Monteuuis, de Questrecques, ordonné prêtre le 13 mars 1728, vicaire de Guînes, puis curé de Bourthes le 13 septembre 1741, et enfin doyen du district d'Alette le 6 octobre 1752, où il mourut le 3 octobre 1774.

Cette bienveillance rendit moins difficile au jeune curé la succession du digne prêtre qu'il venait remplacer. L'abbé Tourtois, en effet, avait exercé une grande autorité dans le pays, depuis l'année 1802, époque à laquelle Mgr de la Tour d'Auvergne l'avait appelé à travailler avec lui, en qualité de grand-vicaire, à la réorganisation de cette portion du diocèse. L'abbé Mallet, vicaire à Guînes depuis l'année 1829, avait administré la paroisse pendant la vieillesse de M. Tourtois, et y jouissait d'une légitime influence, grâce à son dévouement et aux largesses que sa fortune personnelle lui avait permis de faire très abondantes.

Par sa délicatesse et son abnégation, l'abbé Monteuuis prévint tous les malentendus qu'auraient pu occasionner le souvenir de son prédécesseur et la popularité de son vicaire : il n'eut que des paroles d'estime et de vénération pour la mémoire de M. Tourtois, et durant dix années il témoigna à son vicaire une affection vraiment fraternelle. Lorsque celui-ci fut nommé à la cure de Frévent, le 22 octobre 1844, la population l'accompagna, musique en tête, jusqu'aux limites de la paroisse, et le doyen prit place dans la voiture du nouveau curé. A l'entrée de la forêt, l'abbé Monteuuis et l'abbé Mallet s'embrassèrent aux applaudissements de la foule qui désormais concentra toute son affection sur son dévoué pasteur.

Les Guînois n'avaient pas attendu jusqu'alors pour apprécier leur curé. Quelques mois après son arrivée parmi eux, le 1er décembre 1834, Mgr de la Tour d'Auvergne le nommait chanoine de sa cathédrale et confirmait ainsi la haute idée qu'on s'était faite de lui.

A Guînes, comme à Saint-Omer, l'éloquence fut pour l'abbé Monteuuis un puissant moyen d'action sacerdotale. Quoi d'étonnant ! Le véritable orateur cherche son inspiration dans le cœur, et le cœur de l'abbé Monteuuis était vraiment le trésor d'où il tirait *nova et vetera*, le vieil évangile adapté aux besoins toujours nouveaux de l'homme, d'où il répandait sur sa famille paroissiale la bienveillance, le zèle, la compassion, la tendre pitié et le bon conseil. Le prédicateur de la cathédrale d'Arras savait, dans ses instructions pastorales, se mettre à la portée des plus humbles et des plus petits. Quand il exposait le dogme, sa logique, toute de bon sens, faisait passer dans l'âme des fidèles les fortes convictions dont lui-même était vivement pénétré. Son thème favori était la charité : « Vous aimerez le Seigneur votre Dieu de tout votre cœur et votre prochain comme vous-même. » La plupart des sermons de l'abbé Monteuuis sont le commentaire de ce précepte du Maître, et plus il avançait en âge, plus il répétait avec saint Jean : « Mes enfants, aimez-vous les uns les autres. »

Son indulgence et sa miséricorde n'allaient pas toutefois jusqu'à excuser l'erreur ou les vices. Il comprenait trop bien les devoirs de son sacerdoce et les intérêts de son peuple. Pour combattre le mal de l'esprit et le mal du cœur, sa parole trouvait des accents d'une véhémente indignation. A Guînes, où la population était surtout ouvrière, l'abbé Monteuuis s'attacha à combattre l'alcoolisme et ses ravages. Chaque fois qu'il abordait ce sujet, son éloquence avait des élans particulièrement touchants : il prenait le pauvre par son bon cœur, pour le ramener dans le chemin de la raison et de la vertu. Esquissant à ses yeux le portrait du malheureux père, qui, oublieux de tous ses devoirs, rentre chez lui à une heure avancée de la nuit : « Voyez d'ici, mes frères, s'écriait-il, voyez le tableau lamentable qui s'offre aux regards des anges terrifiés ! Une mère est là, entourée de ses enfants, sans pain, sans lumière. Du fond de son obscurité, elle entend des pas lourds et chancelants. Il n'y a pas de doute, c'est lui qui rentre ! Elle donne l'éveil à ses enfants qui se serrent autour d'elle en tremblant. Il entre, cet époux, ce père inhumain, renversant tout sur son passage. Entendez les cris de détresse et de désespoir de cette infortunée qui cherche à protéger ses petits effarés. Je vous le demande, y a-t-il au monde rien de plus navrant ? » Les auditeurs étaient vivement frappés de ces paroles énergiques ; ils en retenaient les moindres expressions, et c'est sur les lèvres d'un brave ouvrier que nous avons recueilli le texte que nous citons.

Quel que fût le sujet traité, l'éloquence de l'abbé Monteuuis allait droit au cœur et captivait son auditoire. Non seulement on se pressait autour de sa chaire les dimanches et les jours de fête, mais les fidèles venaient encore nombreux entendre ses commentaires du mois de Marie, ou assister aux catéchismes de persévérance dont lui-même avait voulu se charger; le ton familier, l'abandon de ces causeries, les anecdotes et les applications pratiques qui s'y mêlaient, donnaient alors à ses discours un charme particulier, et exerçaient sur les enfants eux-mêmes un attrait plus puissant que les prix et les récompenses.

Les Guînois étaient fiers de l'éloquence de leur curé. Un jour de fête, quelques curieux assez indifférents aux choses de la religion, se rendaient à Calais, pour entendre un prédicateur de grand renom. Chemin faisant, ils rencontrent des amis qui leur demandent le but de leur promenade. « Nous allons à Calais écouter le Père C*** », répondent-ils. — « Quoi! vous allez à Calais, alors que vous avez à Guînes un orateur qui n'a pas son pareil! » Et tous s'en vinrent assister au sermon de l'abbé Monteuuis.

La parole qui retentit du haut de la chaire

peut exercer une grande influence sur les âmes ; mais les avis adressés à chacun, selon ses besoins ou ses désirs, dans le secret du confessionnal, ont une efficacité plus puissante et plus intime. L'abbé Monteuuis le savait, et il s'appliqua sans relâche à ce ministère obscur dont Dieu connaît seul tous les mérites. Il y consacrait de longues heures et sa patience atteignait parfois des limites que ceux qui l'entouraient ne pouvaient comprendre. Combien de fois le bedeau impatienté, ou plutôt, pris de compassion pour son doyen, venait agiter les clefs devant le confessionnal afin de hâter l'issue d'une séance qui se prolongeait trop à son avis ! Le confesseur feignait de ne pas entendre et poursuivait son ministère de charité. Un soir, il se trouva enfermé dans l'église, et force lui fut de sonner la cloche, au risque d'émotionner toute la ville, pour se faire ouvrir la porte et regagner son presbytère.

Malgré l'autorité de sa parole et l'activité de son zèle, l'abbé Monteuuis ne pensait pas pouvoir suffire par lui-même à la sanctification de son peuple. Sachant, par ailleurs, la salutaire impression que font les missions dans une paroisse, il s'appliqua de toute façon à les provoquer, à en assurer le succès et à en garantir les fruits. Deux missions laissèrent surtout à Guînes un souvenir durable : la première, prêchée au mois de décembre 1852, qui réunit au pied de la Crèche et à la sainte Table un groupe de treize cents fidèles dont quatre cents revenaient à la pratique de la religion ; la seconde, en 1862, qui produisit des fruits non moins merveilleux. L'abbé Monteuuis en résuma les conclusions dans ses *Adieux au prédicateur*, poésie qui fut doublement précieuse pour les Guînois, car elle était un résumé de la mission et un souvenir de leur curé.

L'abbé Monteuuis n'épargnait aucun soin pour attirer ses paroissiens à l'église. A son arrivée à Guînes, les murs étaient nus, les autels dégarnis, le sanctuaire encombré ; bientôt, grâce à sa sollicitude, une sacristie avait été construite, les autels avaient été renouvelés, des tableaux, des statues et des vitraux avaient été achetés ; les cloches carillonnaient plus nombreuses et plus puissantes dans la tour du vieux clocher et c'est en toute vérité que le zélé curé pouvait répéter le mot du Psalmiste : « Seigneur, j'ai aimé la splendeur de votre maison. » Il conserva jusqu'à son extrême vieillesse le culte de son église. Le dernier souvenir qu'il y laissa fut la petite chapelle de Notre-Dame de Lourdes. Le culte de la Vierge de Massabielle avait souri à son âme de poète, de prêtre et de Français. Il dessina lui-même le plan de la grotte et s'appliqua avec une extrême patience à faire fonctionner, au moyen d'un petit système d'horlogerie, un cylindre de cristal dont la rotation figurait le courant d'une eau tombant du flanc des rochers.

Dans ces divers travaux, l'abbé Monteuuis était servi sans doute par son goût d'artiste et son amour du beau, mais il s'inspirait avant tout de sa dévotion envers le Dieu de l'Eucharistie et de son zèle pour le salut des âmes. « L'église est à la fois la maison de Dieu et la maison du chrétien », répétait-il volontiers, et il voulait la rendre moins indigne de Dieu et plus attrayante pour les fidèles. « Oh que les fêtes de la Religion sont belles ! s'écriait-il, dans la conscience du bien réalisé. Elles font du bien à l'âme, y laissent le calme et la paix, et l'on en sort toujours plus content de soi-même et plus pénétré de l'amour de Dieu et de la vertu. »

Parmi les fêtes de la religion, l'abbé Monteuuis plaçait au premier rang les processions de la Fête-Dieu et de l'Assomption. Il apportait à les organiser toutes les ressources de son intelligence et toute l'ardeur de sa piété. Il voulait rendre à Dieu et à sa divine Mère les honneurs qui leur sont dus et faire éprouver à ses paroissiens les salutaires impressions que produit toujours sur le peuple l'éclat du culte extérieur. Ceux-ci répondaient à son appel avec une touchante unanimité. Les bateliers rapprochaient leurs bélandres de façon à pouvoir élever sur le canal un magnifique reposoir dont les Guînois ont gardé le souvenir. Le jour de la procession venu, le curé était heureux et fier de porter son Dieu à travers sa bonne ville. La joie qui brillait sur son visage était une première récompense pour les organisateurs de la fête, et, le dimanche suivant, ils s'estimaient payés au centuple lorsque l'abbé Monteuuis remerciait ses fidèles de la part de

Dieu et de la Vierge qu'ils avaient grandement honorés.

Ces manifestations grandioses de la piété chrétienne réclamaient une voix capable de les interpréter dignement. L'abbé Monteuuis y songeait depuis longtemps ; mais ce ne fut que vers la fin de sa carrière, le 4 août 1871, qu'il vit se réaliser ce projet au jour de l'inauguration des nouvelles orgues. Son amour de l'art et son zèle pour la maison de Dieu percent dans la belle allocution qu'il adressa à ses paroissiens en cette circonstance. « Entre tous les instruments de musique, l'orgue est, sans contredit, celui qui convient le mieux au lieu saint, parce que, plus que tout autre, il excite, réveille ou fortifie en nous le sentiment religieux. Tantôt, durant la célébration des saints mystères, remplissant le temple d'une majestueuse harmonie, il annonce la présence du divin Roi qui vient visiter son peuple, et pénètre la foule agenouillée de respect, de crainte et d'amour. Tantôt, ébranlant les airs de ses foudroyants accords, il porte le trouble et la terreur dans l'âme du pécheur, puis, par des symphonies plaintives et consolantes, il l'amène

5

au repentir et le fait songer à la miséricordieuse clémence d'un Dieu qui a les bras et le cœur ouverts pour le recevoir ; ou bien, par des mélodies d'une mystérieuse et ineffable suavité, il ravit l'âme du juste et lui donne comme un avant-goût des concerts et des délices du ciel. Tantôt enfin, en ces jours funèbres où l'Église, comme une mère éplorée, revêt ses habits de deuil, l'orgue gémit avec ceux qui gémissent, pleure avec ceux qui pleurent, prie avec ceux qui prient ; et ses accents, tristes comme la mort, doux comme l'espérance, semblables à la harpe de David dont la magique harmonie assoupissait les sombres chagrins du roi Saül, consolent la douleur et font penser au ciel. »

Mais tous ne viennent pas d'eux-mêmes chercher à l'église les secours dont ils ont besoin, et, dans cette catégorie de pauvres, ce sont souvent les plus nécessiteux qui s'abstiennent le plus obstinément. L'abbé Monteuuis le savait ; et, suivant l'exemple du divin Maître, il allait à travers la ville et les campagnes au devant de ceux qui ne venaient pas jusqu'à lui. Cette action évangélique lui était d'autant plus facile que toutes les

maisons s'ouvraient spontanément à son passage. « Vous n'entrez pas aujourd'hui, monsieur
le curé? » lui disaient les mères de famille. Et
lui de répondre à cet appel, de s'informer des
enfants, des affaires, et d'insinuer doucement
quelque parole d'édification. Dans sa vieillesse,
sa conversation prit un ton familier qui n'appartenait qu'à lui. « Eh bien! Louis, disait-il à un
de ses paroissiens qui négligeait d'accomplir le
devoir pascal, on ne t'a pas encore vu à l'église.
C'est pour dimanche, n'est-ce pas? » Il fallait se
rendre à cet appel paternel. « Oui, monsieur le
doyen, » disait le retardataire.

Le bon pasteur poursuivait cet apostolat pendant toute l'année. Lorsque, dans ses promenades ou dans ses visites, il rencontrait quelque
négligent, il lui reprochait doucement sa conduite. « Allons, Pierre, disait-il à un brave cor-
donnier, pourquoi ne pas accompagner ta femme
à l'église le dimanche et à la communion le jour
de Pâques? — Ah! monsieur le doyen, je suis
trop vieux pour changer. — Eh! mon ami, n'as-tu
jamais changé d'outil depuis que tu es dans le mé-
tier? — Ah! ça oui. — Le changement a donc

parfois du bon. — C'est vrai, monsieur le doyen, on verra... » A la visite suivante, le curé reprenait la discussion au point où il l'avait laissée, et bientôt sa douceur et sa charité ramenaient à Dieu les plus endurcis.

L'abbé Monteuuis avait tracé l'idéal qu'il se formait du bon pasteur et qu'il devait réaliser lui-même, en esquissant le portrait de l'abbé Deron. « Il aimait à visiter ses paroissiens, à se reposer sous leur toit, et là, il écoutait les plaintes, apaisait les différends, donnait de sages conseils, consolait les affligés, encourageait les malades, secourait les pauvres; et, le soir, il rentrait chez lui, insoucieux de gloire et content d'avoir fait un peu de bien. Apôtre d'une religion que la persuasion et la mansuétude ont établie, c'est avec la persuasion et la mansuétude qu'il gagnait ou conservait les âmes à son Dieu. »

Son intervention était d'autant plus efficace qu'il témoignait à tous l'intérêt le plus sincère. Les misères physiques, comme les misères morales, excitaient sa compassion et sa charité, et, par une nouvelle ressemblance avec son divin Maître, sa prédilection était pour les pauvres et les malades. « Ils ont davantage besoin de moi, disait-il ingénument, et surtout ils ont plus besoin d'amour. » Il les consolait de ses bonnes paroles, les soulageait de ses modiques ressources et sollicitait pour eux le secours des plus fortunés. Sa charité, prévoyante et discrète, entrait dans les moindres détails de la vie de famille; parfois même il paya de ses propres deniers le repas de noces de pauvres gens, afin de leur voir inaugurer au moins dans la joie la vie nouvelle où ils entraient.

Le bon pasteur redoublait de zèle auprès des malades dont il voulait adoucir la dernière heure et assurer le bonheur futur. Il leur faisait de fréquentes visites, calmait leurs souffrances, dissipait leurs inquiétudes et les préparait doucement au grand passage de l'éternité. « Les malades! nous écrivait un de ses paroissiens, c'était son élément; auprès d'eux surtout il déployait toutes les ressources de son incomparable charité. Qui n'a pas vu l'abbé Monteuuis chez les pauvres malades ne saurait s'en faire une idée! Il leur parlait de Dieu avec tant de sincérité, de naturel, de tendresse et d'amour que le malade, bientôt convaincu et touché, demandait à recevoir les derniers sacrements. Se prêtant à ses pieux désirs, le doyen venait luimême dès la première heure porter le saint viatique à ceux qu'il avait si bien préparés. »

Au jour des épidémies, en ces circonstances où la misère se fait plus douloureusement sentir, et où les âmes comprennent davantage le devoir de se rapprocher de Dieu, le compatissant et zélé pasteur multipliait ses démarches, ses visites et ses soins. « En 1849, 1867 et 1871, il était le premier au lit des pestiférés, nous rapportait un vieillard. Si, à cette époque, la croix d'honneur n'avait pas été distribuée avec une aussi grande parcimonie, nous l'aurions vue briller sur la poitrine de notre cher doyen. » En ces terribles épreuves, malgré les terreurs et la panique répandues dans le pays, l'abbé Monteuuis conservait son inaltérable sérénité, soutenant le courage et la confiance de tous. Le fléau faisait tant de victimes et le zélé curé avait tant de contact avec lui, que les familles, par une sollicitude extrême, défendirent à leurs enfants de servir à l'autel. Un seul enfant de chœur resta

fidèle, celui qui fut plus tard l'abbé Deseille.
« Allez-vous aussi me retirer votre fils ? disait
le doyen à la pieuse mère. — Non, non, monsieur le doyen ; s'il doit mourir, je préfère qu'il
meure avec vous au service du Bon Dieu. » Et
l'abbé Monteuuis, plein de prévenance pour son
unique enfant de chœur, l'entourait de soins
vraiment maternels, le couvrait de son aumusse
d'hermine et le distrayait par quelque histoire
édifiante des spectacles de désolation qu'il rencontrait partout.

Le dévouement des âmes généreuses s'accroît
en proportion des misères à soulager : l'expan-
sion est la loi de leur nature et elles recherchent
les misères les plus profondes pour avoir l'occasion de se dévouer davantage. L'abbé Monteuuis fut fidèle à cette loi des grands cœurs,
non seulement dans ces catastrophes qui rani-
ment la charité des tièdes, mais dans l'action
régulière et suivie de son ministère apostolique.
Il y avait sur le territoire de Guînes une portion
plus abandonnée qui avait nom « *le Marais* ».
La difficulté des communications avait rendu
plus difficile à ses habitants l'accès de l'église.

De là des ignorances, des négligences qui avaient entraîné une misère morale égale à la misère physique de ce pays déshérité. Le bon curé, par un surcroît de charité et de zèle, s'efforça de remédier à cette fâcheuse situation. Malgré les distances à parcourir et le mauvais état des chemins, il se rendait lui-même dans ces chaumières abandonnées, catéchisant les enfants, régularisant les mariages, communiant les personnes âgées et organisant le service religieux jusqu'à ce qu'il lui fut permis de donner à son peuple du « Marais » une église et un prêtre, vœu qu'il vit se réaliser en ses dernières années.

Tel était en toutes circonstances le bon curé de Guînes. « Son âme aimante et naïve répandait le bonheur au milieu de ses paroissiens. Par ses discours simples et affectueux, et, plus encore, par l'exemple de sa bonté, il leur apprenait à aimer la vertu et à bénir la Providence, dont il leur offrait une vivante image par ses bienfaits de chaque jour. »

Une dame anglaise, de passage en la ville de Guînes, fut tellement édifiée par le spectacle

de ce zèle apostolique, qu'elle célébra le *bon
pasteur* dans une poésie dont la traduction garde
encore quelque charme. Cet éloge de l'abbé
Monteuuis, par une étrangère et une protes-
tante, ne manque pas d'une certaine saveur.

« Pais mes brebis, a dit le Seigneur,
Et tu as bien observé ce précepte.
Aux jours ensoleillés, comme aux jours de tempête,
Ta vigilance toujours égale, ne s'est jamais endormie.

» Pasteur fidèle à ton troupeau,
Tu le nourris du pain de vie.
Que tes jours paisibles s'écoulent dans le calme,
A l'abri des querelles de ce monde !

» Continue à paître tes agneaux, jusqu'à ce que Dieu
Rappelle dans la patrie ton âme noble et pure
Et lui fasse entendre la douce parole d'approbation :
« Viens ! le béni du Rédempteur, viens ! »

» Ta voix aimable a le pouvoir de calmer
Les plus rudes tempêtes de l'âme ;
Tes paroles répandent un baume qui charme,
Et tiennent en respect les passions.

» Puisse Dieu garder tes jours précieux
Jusqu'au terme le plus lointain de l'humaine carrière !

Il en est peu qui emploient aussi bien que tu le fais
Le court et fragile espace de la vie.


» Pais tes brebis; donne-leur cette manne
Qui jadis fut donnée aux Hébreux,
Jusqu'au jour où, abandonnant la terre,
Tu retrouveras dans le ciel ton troupeau bien-aimé (1). »

(1)

I.

Feed thou my sheep, the Saviour said,
And well hast thou the precept kept;
Alike in sunshine and in storm,
Thy vigilance has never slept.


2.

Thou, faithful shepherd of thy flock,
Thou feeds them with the bread of life ;
Calm-flow thy peaceful days along,
Secure from every wordly strife.


3.

Still feed thy lambs, till God shall call
Thy pure and gentle spirit home,
To hear the glad approving voice :
« Come, blessed of the Redeemer, come. »


4.

Thy gentle voice has power to calm
The wildest tempest of the soul,
Thy words infuse a soothing balm
And hold the passions in control.

5.

May God preserve thy precious days
To the remotest term of man,
For few, like thee, so well employs
Of life the brief and fragile span !

6.

Feed then thy sheep — so was the daugh
Of manna once to Israel given —
Till, from this earthly pasture, thou
Shalt see thy much loved flock in Heaven !

(To the abbé I. Monteuuis, on seing him feeding some children
with bread. — Sunday, Aug<sup>st</sup> 16th 1868.)

# CHAPITRE V



## L'ABBÉ MONTEUUIS, CURÉ DE GUÎNES.
### SES ŒUVRES PAROISSIALES

Le don de sa personne est la première condi-
tion du succès du ministère, mais il ne suffit pas.
Pour faire face à toutes les nécessités spirituelles
de son peuple, il faut au curé des coadjuteurs
inspirés du même esprit, animés du même zèle;
et, pour assurer la permanence de ce concours,
il faut des œuvres organisées, des fondations
durables. L'abbé Monteuuis y pourvut par les
institutions qu'il jugea nécessaires au soulagement spirituel et corporel de ceux que la Providence avait confiés à sa sollicitude.

Dès son arrivée à Guînes, le bon prêtre
avait songé à ouvrir un asile aux petits enfants ;
mais la pénurie de ses ressources lui fit différer

l'exécution de ce projet jusqu'en 1853, époque à laquelle il trouva l'occasion de faire deux bonnes œuvres à la fois. Depuis longtemps déjà, il existait à Guînes un temple protestant, à l'usage de nombreux Anglais qu'une industrie spéciale avait amenés dans la ville. Cette industrie ayant été abandonnée en l'année 1845, les ouvriers se dispersèrent, et le temple devint inutile. Toutefois, le ministre, subventionné par la propagande évangélique, persista à demeurer dans la ville et chercha même à faire du prosélytisme auprès des habitants. L'abbé Monteuuis, redoublant de vigilance et de zèle, déjoua si bien ses projets que le prédicant se vit forcé de partir à son tour. Le temple fut mis en vente et le zélé pasteur en fit l'acquisition. Il eut ainsi la joie de mettre la foi de ses chrétiens à l'abri du danger de l'erreur et d'ouvrir un asile à ceux qu'il appelait affectueusement ses chers petits enfants.

L'abbé Monteuuis révélait les motifs élevés qui avaient dirigé sa conduite, lorsque, sollicitant pour son asile le concours des enfants plus fortunés, il écrivait dans sa préface au *Souvenir du Pensionnat* :

Depuis longtemps, je gémis de voir dans ma chère paroisse une nombreuse population de petits enfants pauvres, errant par les rues à l'aventure, grandissant dans l'ignorance et l'oisiveté, sans aucune idée religieuse, et préludant ainsi à un avenir bien triste pour eux et pour la société. J'ai pensé que le meilleur remède à ce déplorable état de choses serait la création d'une salle d'asile, et, avec le concours de deux bons amis de l'enfance malheureuse, j'ai acheté un vaste local que nous avons fait approprier à cette destination.

Je l'avoue, c'était peut-être de ma part une entreprise un peu téméraire au point de vue humain, car je suis bien pauvre moi-même ; mais j'ai compté sur la Providence qui ne manque jamais de répandre ses bénédictions sur ce qu'on fait dans l'intérêt des malheureux, et il y a au fond de mon cœur une voix qui me dit que Dieu m'aidera à mener mon œuvre à bonne fin. Déjà il m'a inspiré d'écrire pour vous qu'il connaît si charitables, un petit livre, dont le produit nous aidera à payer la salle d'asile. Ce petit livre, qui vous montre le bonheur au pensionnat et sous le toit domestique, sera, j'en suis sûr, bien accueilli par vous, mes enfants, non pour son mérite, mais à cause du but dans lequel il a été composé. La charité porte bonheur pour toute la vie. Vous voudrez avoir votre part de bénédictions et faire quelque chose pour mes petits délaissés par reconnaissance envers Dieu qui vous a fait votre part si belle dans ce monde, et afin qu'il continue de vous aimer toujours. Parmi ces pauvres enfants en faveur de qui j'ai imploré votre généreuse pitié, il en est qui n'ont plus de mère pour prendre soin d'eux, pour les plaindre et les aimer. Oh! je vous en prie, au nom du Dieu de charité qui regarde comme fait à lui-même ce qu'on fait au moindre des siens, détachez pour mon œuvre une petite part de l'argent destiné à vos menus plaisirs; afin que ces orphelins ne soient pas abandonnés, afin qu'ils aient quelqu'un pour les soigner, pour leur apprendre à prier, à aimer le Bon Dieu, pour remplacer leur mère, si c'est possible.

Mes enfants, je n'oublierai point ce que vous ferez pour eux. Chaque jour, à l'autel, vous serez dans mon souvenir avec mes ouailles bien-aimées. Chaque jour, j'apprendrai aux enfants de la salle d'asile à prier pour vous, et il vous sera doux de penser qu'il y a dans une humble ville de province des petites mains qui se joignent et des voix pures qui montent vers le Ciel, pour appeler sur vous toutes sortes de faveurs et de grâces. Vous savez que les prières des anges sont puissantes devant Dieu, et les petits enfants sont les anges de la terre. Leur prière, surtout quand ils sont malheureux, est un encens bien pur et bien suave qui va jusqu'au cœur de Dieu et qui ne manque jamais de retomber en rosée de bénédictions.

Pour tous ces motifs, mes enfants, prenez mon petit livre et, si, à cause de mon peu de talent, vous ne trouvez pas grand plaisir à le lire, il vous restera toujours le mérite d'avoir contribué à une bonne œuvre et vous serez contents de votre léger sacrifice, par la pensée d'avoir fait un peu de bien.

Je vous quitte, mes enfants. Que Dieu exauce mes prières et celles de votre bonne mère pour votre bonheur !

La formation chrétienne des petits enfants était assurée; l'innocence de ces jeunes cœurs et leurs naïves prières présageaient à la paroisse un avenir de vertu et de grâce. Toutefois, pour garantir ce succès, il fallait leur ménager encore des instituteurs et des institutrices capables de les maintenir et de les élever dans la foi et les habitudes de la vie chrétienne. L'éducation des jeunes filles était assurée par la maternelle direction des Sœurs de la Providence de Rouen, à qui, depuis plusieurs années déjà, étaient confiées les écoles de la ville de Guînes. L'éducation des garçons laissait davantage à désirer. Le zélé pasteur intervint en leur faveur, et en 1854 les écoles primaires passaient entre les mains des Frères de la Doctrine chrétienne.

Dans sa prévoyante sollicitude, le doyen de

Guînes voulut procurer à ces chers enfants tous les moyens de conservation et de persévérance. Il organisa des réunions dominicales où les jeunes filles venaient se retremper dans la foi de leur enfance, retrouver quelques compagnes dignes d'elles et recevoir encore les avis et les leçons de leurs premières maîtresses. « Sainte oasis où les jeunes personnes rencontraient un salutaire abri contre les séductions et les dangers du monde, et où, se livrant à d'innocentes récréations et recevant des conseils propres à les maintenir dans la voie de l'honneur et du salut, elles s'affermissaient dans l'amour et la pratique des vertus chrétiennes qui seules peuvent donner à la religion et à la société des filles vertueuses, des épouses dévouées et de bonnes mères de famille (1). »

L'abbé Monteuuis songea à fonder une œuvre analogue en faveur des jeunes gens, en faisant pour sa paroisse de Guînes ce qu'il avait inauguré dans son humble habitation de vicaire à Saint-Omer; mais il n'eut pas le temps de mener son idée à bonne fin. Les fondateurs du cercle

(1) Eloge funèbre de M. l'abbé Daniel, doyen de Calais, 1863.

Saint-Joseph, ouvert peu après sa mort, s'ac-
cordèrent toutefois à faire remonter jusqu'à lui
l'honneur de cette fondation, « car c'était la
pensée intime de M. l'abbé Monteuuis, témoi-
gnèrent-ils publiquement, de prêter ce concours
aux parents afin de prémunir leurs enfants
contre les occasions du mal, de développer en
leurs jeunes cœurs les germes de vertus que
leurs paroles et leurs exemples y avaient dépo-
sés, et de les aider à en faire des hommes probes
et courageux, des citoyens dévoués, en un mot,
de vrais chrétiens (1). »

A côté des œuvres d'éducation et de persévérance, il y a les œuvres de charité qui pour-
voient plus spécialement au soulagement des
malades et des vieillards. Le cœur de l'abbé
Monteuuis, toujours incliné vers les petits et les
abandonnés, s'occupa des unes et des autres
avec une égale sollicitude. Il avait établi à
Guînes la belle œuvre des *Conférences de saint
Vincent de Paul*; et même, pour venir plus sû-

(1) Rapport sur le cercle Saint-Joseph, lu à la séance d'inauguration le 3 décembre 1876, par M. l'abbé Meunier, vicaire de
Guînes.

rement en aide à toutes les souffrances du corps et de l'âme, il avait institué la Société des *Dames charitables* qui s'intéressaient chacune aux besoins de leur quartier et ménageaient au prêtre un accès plus prompt et plus facile auprès de leurs malades.

Ces soins à domicile ne répondaient pas encore à toutes les exigences de la misère. Il se rencontrait des personnes si nécessiteuses, des vieillards si délaissés qu'il fallait à tout prix ouvrir un asile à leur indigence. La commune, mise en cause, déclara ne pouvoir suffire aux dépenses qu'entraînait la fondation d'un hospice. L'abbé Monteuuis ne se laissa pas décourager. Jaloux de soulager les souffrances dont le spectacle avivait chaque jour son zèle, il épuisa ses dernières ressources; puis, par ses exhortations et ses exemples, suscita de généreux bienfaiteurs et parvint à couvrir les frais de cette charitable entreprise. Il voulut faire participer tous ses paroissiens à cette œuvre d'intérêt public, et, malgré son âge avancé, il pénétra lui-même dans les plus humbles chaumières, tendant la main et sollicitant une aumône en faveur

de cet hospice qui peut-être quelque jour abri-
terait la vieillesse d'un parent ou d'un ami.

> Donnez, donnez, heureux celui qui donne !
> Donnez, donnez, aux pauvres malheureux,
> Car le bon Dieu, qui sourit à l'aumône,
> Vous le rendra dans les cieux.
>
> . . . . . . . . . . . . . . . .
>
> Pour le malade en sa misère
> Soyez un bon samaritain ;
> Versez sur sa souffrance amère,
> Versez l'huile et le vin.

Son exemple était plus entraînant encore que
sa parole : il était toujours le premier à se dé-
pouiller. Parfois sa servante, effrayée de ses prodigalités : « Mais, monsieur le Doyen, s'écriait-
elle, nous allons mourir de faim si vous continuez à marcher de ce train-là ? » — Et le
bon prêtre de répondre en souriant : « Que
voulez-vous, ceux à qui je donne sont encore
plus malheureux que moi. »

Ce fut une belle fête à Guînes, ce fut un beau
jour pour son cœur d'apôtre, le 4 novembre
1871, lorsque l'abbé Monteuuis inaugura son

nouvel hospice. La joie rayonnait sur son visage et les fidèles partageaient l'émotion de leur vieux doyen; tous jouissaient de la conscience des sacrifices acceptés pour le bonheur de leurs frères : la pensée des malades qui seraient soulagés, des vieillards qui seraient consolés en ce pieux asile ajoutait le charme d'une douce espérance aux heureux souvenirs d'une charité généreuse.

Pour que cet espoir ne fût pas déçu, pour que ces sacrifices ne restassent pas stériles, il fallait au foyer de la maison nouvelle des cœurs, capables de s'oublier et de se dépenser, de s'épuiser et de mourir pour le salut de ceux qui leur seraient confiés. Ce ne sont pas les froides murailles qui forment un hospice, ce sont les dévouements qui donnent cette hospitalité du cœur sans laquelle l'autre ne saurait vraiment consoler.

L'abbé Monteuuis fit comprendre cette vérité, hélas trop oubliée de nos jours, lorsqu'il présenta à son peuple de Guînes les *Religieuses franciscaines*, ministres d'une charité que lui-même comprenait si bien. Rarement l'abbé

Monteuuis, s'était élevé plus haut, et jamais il n'eut occasion plus favorable de révéler son intelligence du sacrifice et tous ces sentiments d'amour et de pitié, de patience et de foi, de tendre piété qui animaient sa vie tout entière.

Peu importe à ces âmes d'élite, si parmi ces malades et ces infirmes que la religion leur confie, il en est dont l'humeur est difficile, le cœur ingrat, le caractère aigri par la souffrance, dont le corps est couvert de plaies hideuses ou attaqué de maladies contagieuses et repoussantes. Elles savent que ce qu'elles font au moindre de ces pauvres, c'est à Jésus-Christ lui-même qu'elles le font. Cette seule considération suffit pour leur faire vaincre toutes les répugnances, pour adoucir toutes les amertumes, pour les faire surabonder de joie au milieu des épreuves les plus pénibles à la nature. Elles les recherchent même ces mortifications, comme on recherche un trésor. Une sainte émulation les porte à préférer parmi ces infortunés, les plus souffrants, les plus difficiles, les plus malheureux, tant elle leur paraît belle et digne d'envie cette palme immortelle qui doit être le prix de leur courage. Elles goûtent je ne sais quelle âpre jouissance à marcher sur les traces ensanglantées de leur divin Maître, à gravir le rude sentier que Lui-même a frayé le premier.

Oh! mes chères sœurs, comme Jésus-Christ, votre divin époux est content de vous! comme il vous regarde avec complaisance, lorsque, près d'un pauvre infirme, près d'une pauvre femme marquée du double sceau de la vieillesse et du malheur, vous leur prodiguez des soins aussi touchants, aussi affectueux que ceux d'un enfant à son vieux père, à sa vieille et bonne mère; lorsque, comme des Antigones chrétiennes, vous soutenez leurs pas chancelants; lorsque vous versez, par vos douces et saintes paroles, d'ineffables consolations dans ces âmes désertes et désenchantées; lorsque vous répondez par un mot du cœur, par un bienveillant sourire aux exigences d'une humeur chagrine, aux bizarreries, aux faiblesses d'une intelligence qui fléchit; lorsque vous leur semez de fleurs les abords glacés du tombeau, le peu de chemin qu'ils ont encore à faire dans la vie; en un mot, lorsque vous vous montrez les mères de cette seconde enfance, mystérieuse aurore de l'éternité.

Comme Jésus-Christ vous regarde avec complaisance, lorsque, à l'heure suprême vous ouvrez de pauvres âmes depuis longtemps peut-être fermées à la religion, depuis longtemps peut-être absorbées par les passions mauvaises ou par les soins et les inquiétudes de la vie; lorsque, par vos douces et pieuses exhortations, vous les ouvrez aux émotions saintes, aux impressions religieuses, si consolantes, si nécessaires dans cette dernière scène de la vie; lorsque, doucement bercées par

la religion et par votre piété filiale, elles s'endorment
du sommeil des justes, et que, purifiées par la pénitence, nourries du pain céleste, et saintement préparées
pour le voyage sans retour, elles s'en vont au ciel plai-
der votre cause et ouvrir sur vous tous les trésors des
bénédictions divines !

Comme Jésus-Christ vous regarde avec complaisance, quand, penchées au chevet d'un pauvre, vous
vous attachez à calmer ses souffrances, en pansant doucement ses plaies, en lui présentant des breuvages salutaires, en remuant délicatement son lit de douleurs,
en cherchant pour ses membres endoloris une position moins pénible ; quand vous ranimez l'espérance
dans son âme abattue, en lui disant de ne point se dé-
soler, que le bon Dieu est surtout l'ami du pauvre, un
tendre père assez puissant et assez bon pour pouvoir et
pour vouloir lui rendre cette santé si précieuse, si né-
cessaire à sa femme et à ses enfants bien-aimés dont il
est l'unique soutien !

Comme Jésus-Christ vous regarde avec complaisance
quand, assises comme l'ange des consolations auprès
d'un pauvre soldat qui va mourir loin de sa famille et
de son pays natal, vous adoucissez l'amertume de son
agonie, en lui rappelant par votre ingénieuse charité
une tendre mère, une sœur bien aimée, en lui parlant
de Dieu et des délices du ciel, en lui montrant, de
l'autre côté du tombeau, cette lumière pure de la véritable vie, ce séjour bienheureux où il retrouvera, pour

ne les plus quitter jamais, ces chers parents qu'il ne doit plus revoir en ce monde.

Et quelle joie ineffable quand vous entendrez de la bouche de ce même Jésus-Christ ces ravissantes paroles : « Venez, ô vous qui êtes bénies de mon Père ; ce que vous avez fait au moindre de mes frères malheureux, vous me l'avez fait à moi-même. J'étais pauvre, malade, infirme, et vous m'avez vêtu, nourri, visité, consolé. Maintenant, je suis souverainement heureux, souverainement riche. Oh ! venez partager mon bonheur et mes richesses ; quittez ces habits de deuil pour prendre des vêtements de gloire et de fête ; quittez l'obscure enceinte de l'Hospice, pour entrer dans les splendeurs de la Jérusalem céleste. Oubliez les plaintes des pauvres malades, les gémissements et le râle des agonisants, le glas des funérailles, pour prêter l'oreille aux ravissants concerts des anges. Cessez les pénibles travaux d'une vie pénitente et mortifiée pour vous plonger dans une félicité sans fin, dans l'océan des délices éternelles. »

Tel sera le couronnement de cette carrière de dévouements et de sacrifices que vous allez continuer dans cet hospice sous le patronage de saint Charles Borromée, ce grand archevêque de Milan qui fut surtout l'ami des malheureux, qui changeait sa vaisselle d'argent en pièces de monnaie, pour les distribuer aux pauvres ; qui, bravant la contagion et la mort, allait par les rues de la cité, dans les carrefours les plus atteints, dans les mansardes les plus infectées, à la recherche des pestiférés, leur prodiguant ses soins, ses consolations, ses bienfaits, offrant à Dieu sa vie pour sauver la leur ou les aidant à mourir en paix.

Et vous, mes frères, que ces héroïques exemples ravivent et augmentent en vos âmes l'amour et la pratique de la charité fraternelle. Vous avez déjà beaucoup fait sans doute pour notre hospice, mais ne vous arrêtez pas dans un si beau chemin, et formez une sainte ligue pour alimenter le petit trésor de l'administration, afin que, lorsque de nouveaux aspirants frapperont à la porte hospitalière, elle puisse s'ouvrir pour les recevoir et que les ressources soient toujours égales aux besoins. Grâce à votre généreux concours aucun de nos frères malheureux ne sera délaissé dans sa misère, et Dieu, le père commun des riches et des pauvres, sourira à chacune de vos offrandes et les fera redescendre, comme une rosée céleste, en bénédictions sur vous et sur vos familles. »

Telle fut l'action sacerdotale, telles furent les œuvres apostoliques de l'abbé Monteuuis. « Grâce à sa mansuétude, à son inépuisable charité et au zèle qui le dévorait pour le salut des âmes, une merveilleuse transformation s'était faite, sans secousse et comme par enchantement, dans cette humble cité. Les pauvres, soutenus par ses douces paroles et ses abondantes aumônes, étaient moins malheureux, les affligés, versaient des larmes moins amères, les malades, résignés et fortifiés par les sacrements de l'Eglise, mouraient dans la paix du Seigneur ; les esprits les plus froids et les plus indifférents reconnaissaient qu'une religion prêchée par un si bon prêtre était une religion divine et se réconciliaient avec Dieu. Les voies qui conduisent à la maison de la prière étaient encombrées par la foule ; des associations saintes et charitables avaient été organisées, les tribunaux de la pénitence étaient plus assidûment fréquentés, le dimanche plus fidèlement observé, et le temple, restauré par la charité du pasteur et les largesses de ses ouailles, voyait se presser dans son enceinte parfois trop étroite des adorateurs de jour en jour plus nombreux. » Dans ce tableau des œuvres de l'abbé Lenain à Marquise, l'abbé Monteuuis énumérait les fruits de son ministère dans sa chère ville de Guînes.

# CHAPITRE VI

## L'ABBÉ MONTEUUIS CURÉ DE GUINES.
### LE BON PASTEUR.

Si l'abbé Monteuuis avait dû choisir une devise qui exprimât l'idéal de sa charité et le but de son ministère, il aurait dit avec le grand Apôtre : « *Je me fais tout à tous.* » C'était son expression favorite comme le sentiment habituel à son cœur.

Son intelligence, son éducation, son expérience le faisaient favorablement accueillir de l'aristocratie intellectuelle et sociale qui peut, qui doit même subsister dans tout régime vraiment démocratique. Grâce à l'universalité de ses connaissances, il parlait jurisprudence ou administration avec les magistrats, stratégie avec les soldats, littérature avec les hommes de lettres, science avec les savants, industrie avec les industriels, et tous de le quitter contents de soi et de lui, emportant dans leur cœur le secret désir de le revoir bientôt. Par cet ineffable mélange d'amabilité, de science et de vertu, il avait captivé l'estime et la confiance des gens du monde qui voyaient en lui l'idéal d'un bon prêtre. Pour plusieurs cette admiration ne fut pas stérile : des hommes, distraits des pensées religieuses par le tumulte des affaires et du monde, ouvrirent leur âme à ce vrai sage et sentirent à son contact tomber leurs préventions et leurs préjugés.

Sa bonté lui ménageait un accès plus prompt et plus sûr auprès des faibles et des petits. « Ce qui frappait surtout en cet homme éminent, témoignait un de ses anciens vicaires, c'était la simplicité, cette bonne simplicité que l'on cherche souvent en vain chez les hommes de cette valeur, qui, trop souvent, alors même qu'ils se donnent, ne savent pas s'effacer et semblent vouloir satisfaire encore aux désirs curieux de la galerie ».

« L'ami de tout le monde n'est l'ami de personne », a-t-on souvent répété. L'abbé Monteuuis faisait exception à cette règle, et chacun de ses paroissiens pouvait compter sur sa particulière affection et son dévouement absolu. Aussi tous recouraient-ils à lui, non seulement pour réclamer le secours de son ministère, mais pour obtenir tous les services qu'il pouvait rendre dans la mesure de son influence ou de son action. Il était l'intermédiaire, le conseil et l'arbitre dans toutes les circonstances importantes de la vie : c'était à lui que le fils absent écrivait pour avoir des nouvelles des siens, que le jeune homme s'adressait au moment d'embrasser une carrière ou de se mettre à la tête d'une entreprise. Il connaissait si bien les familles que lui-même dressait l'arbre généalogique et fixait les dispenses requises lorsque les jeunes gens se présentaient à son presbytère pour faire part de leur mariage. Ses relations avec les hauts personnages qui s'honoraient de son amitié, et sa déférence pour les autorités établies lui permirent de rendre de nombreux services aux familles de Guînes et des environs. Il est édifiant de relire les lettres et les rapports dont le seul but était de recommander un soldat, une veuve, un infirme ou un orphelin à la bienveillance de diverses administrations.

Son talent poétique était également au service de ses paroissiens. La plupart de ses poésies furent composées dans l'intérêt des œuvres de la ville de Guînes. Non content de se donner dans les grandes occasions, il descendait dans les plus petits détails et répondait aux plus humbles sollicitations. C'est ainsi qu'un jour, prenant un diamant, il grava sur la fenêtre de son barbier ces vers bien connus des Guînois :

> Vous à qui la nature
> Donna barbe et cheveux,
> Venez, d'une main sûre
> Je les coupe tous deux.

Au jour des deuils de famille, les paroissiens venaient lui demander quelque strophe à la mémoire d'un père, d'un fils ou d'un époux. Le bon curé s'y prêtait de bonne grâce, et l'on composerait un touchant recueil de ses « *Souvenirs funèbres* » ou « *Epitaphes.* » Ces inscriptions se lisent encore aujourd'hui sur les tombes du nouveau cimetière de Guînes. La plus connue est celle d'un certain Bernard Claeys qui y fut enterré le premier en 1850. Le doyen la fit graver à ses frais sur la croix qui dominait la tombe de ce brave ouvrier :

C'est moi qui le premier dans ce lieu funéraire
Suis venu, patronné par le grand saint Bernard ;
Et j'ai donné son nom au nouveau cimetière.
Vivez bien, car ici vous viendrez tôt ou tard.

Ces paroles étaient si pleines d'à-propos et l'autorité du doyen déjà si solidement établie que cette dénomination fut acceptée de tous. Le cimetière s'appela « le cimetière du Mont Saint-Bernard. » L'inscription fut consignée dans les archives de l'Hôtel de Ville, et, pour les Guînois, « aller à Saint-Bernard » est synonyme de « mourir ! »

7

De nos jours, une politique étroite sert trop souvent de prétexte à des menées ténébreuses et introduit parfois l'équivoque dans les rapports du troupeau et du pasteur. A Guînes, comme ailleurs, elle eût facilement semé des germes de discorde; mais l'abbé Monteuuis, sans rien abandonner des droits imprescriptibles de la Religion, sut toujours garder d'excellents rapports avec les hommes des divers partis qui dominèrent tour à tour dans le pays. Son vieux père, qui avait vécu sous tant de régimes, lui avait appris de bonne heure à ne suivre qu'un seul drapeau, celui dans les plis duquel se retrouve cette large et fière devise : « *Dieu et Patrie* ». Par sa conduite plus encore que par ses leçons, ce digne patriarche lui avait montré que le meilleur moyen de servir son pays, c'est d'accomplir son devoir au poste que la Providence nous a confié sans prendre part à des agitations stériles. L'abbé Monteuuis suivit cet exemple. « Toujours calme et sans fiel au milieu des orages de la politique, homme de Dieu, c'est-à-dire, homme de paix, de conciliation et d'amour, il se montra dans nos dissensions intestines le père commun des vain-

queurs et des vaincus et fut en quelque sorte
sacré pour tous les partis. (1) » Devant les divisions que l'effervescence des partis produisait
dans sa paroisse : « Puisse-t-elle donc être entendue la voix de la raison, s'écriait-il, puisse-
t-elle être respectée au milieu du bruyant conflit
des opinions qui se contredisent et se combattent.
Que les agitations s'apaisent, que les divisions
s'effacent, que les cœurs se rapprochent et que
tous les hommes de bonne volonté se rallient
autour des seuls principes qui peuvent assurer
à notre malheureuse patrie la paix, l'ordre et
la prospérité, la placer au premier rang des
nations et la rendre, comme autrefois, la
noble exécutrice des vues divines! ».

Lui-même concourait merveilleusement à
cette fraternelle entente. En 1848, se conformant
à l'attitude générale du clergé, il avait béni
l'arbre de la Liberté. Les républicains s'étaient
félicités de cette conduite. Quelques jours après,
l'arbre de la Liberté ayant été enlevé par quelques malveillants, ils le prièrent de vouloir bien
laisser prendre pour le remplacer un arbre de

(1) *Notice biographique de M. l'abbé Deron*, p. 70.

son jardin, s'imaginant, non sans raison, que
l'origine de cet arbre le mettrait à l'abri de nouveaux outrages. Et en effet leur espoir ne fut pas
déçu.

Aux jours des fêtes et des réjouissances publiques, l'administration municipale réclamait
les lumières et le concours du bon doyen. Il en
profitait pour les maintenir plus sûrement dans
le bon ordre, ou même pour les faire tourner à
la gloire de Dieu et au salut des âmes.

Les musiciens et les pompiers se montraient
fidèles à l'appel du pasteur au jour des processions, voire même à l'occasion des pèlerinages.
L'abbé Monteuuis les remercia par cet éloge où
l'expression de sa reconnaissance est assaison-
née de bonne gaieté.

> Quand sonne la cloche d'alarme,
> Le brave pompier court au feu ;
> Aux grands jours on le voit en armes
> Venir rendre hommage à son Dieu.
> En guerre, il saurait tenir tête
> Aux ennemis de son pays ;
> Mais il aime, en un jour de fête,
> A trinquer avec ses amis.

A l'église, à la promenade,
Aux concerts pour les indigents,
A la revue, à la parade,
Nos musiciens sont présents.
Mais la joie est surtout complète
Quand leurs accords harmonieux
Peuvent embellir une fête,
En secourant les malheureux.

L'abbé Monteuuis prit une grande part à la fête agricole qui fut célébrée à Guînes le 17 juillet 1864. Il rédigea lui-même les inscriptions pour les divers groupes d'animaux du concours. Aux portes de la ville, il avait écrit :

Ici, cultivateurs, une lutte publique,
Pour la première fois, vous verra réunis.
Quels que soient les élus du combat pacifique,
Tous, vainqueurs ou vaincus, vous sortirez amis.

Sur l'arc de triomphe à quatre faces qui fut élevé à l'endroit du concours, on appliqua les quatrains suivants :

Un bon *cheval* nous sert à cultiver la terre ;
A la ferme, à la ville, il transporte nos grains,
Et, s'il entend sonner la trompette guerrière,
Aux combats, à la gloire, il nous porte soudain.

Nous trouvons dans la *vache* une bonne nourrice,
Qui, pour prix de nos soins, nous prodigue son lait,
Et nous donne sa chair au jour du sacrifice,
Marquant ainsi sa mort par un dernier bienfait.

Pour tisser nos habits, le *mouton* dans l'étable,
Vivant, offre sa laine au tranchant des ciseaux ;
Mais on aime à le voir figurer sur la table
En épaules, hachis, côtelettes, gigots.

Sur son triste fumier, dans sa fétide mare,
Vivant et s'engraissant sans penser à son sort,
L'égoïste et vil *porc* est semblable à l'avare,
Bon à rien dans sa vie, utile après sa mort.

Le doyen avait profité de l'autorité qu'on lui reconnaissait et des services qu'il avait rendus pour marquer cette fête d'un cachet religieux par la « bénédiction du nouvel hôtel de ville ». Le soir, répondant encore au désir de ses paroissiens et surtout à celui des étrangers avides d'entendre le poète, dont on leur avait tant parlé, et s'inspirant de la pensée des agriculteurs, il fit sur le nom du préfet un jeu de mots charmant.

Les goûts sont variés dans le choix des couleurs.
Le *jaune* de l'or plaît aux gens de la finance ;
Aux saints le *bleu* du ciel, le *blanc* à l'innocence ;
A l'homme ambitieux la *pourpre* des honneurs.
Mais nous, hommes des champs, amis de la nature,
Admirant le spectacle, à nos regards offert,
De nos bois, de nos prés, nous aimons la parure,
Et nous crions : « Vive Le Vert ! »

Si l'abbé Monteuuis redisait à ses ouailles le mot qu'autrefois Jésus-Christ adressait aux foules : « *Venez tous à moi* », il avait pour les enfants, comme son divin Maître, des paroles de prédilection. Son âme, simple et naïve, éprise d'innocence et d'idéal, se reposait avec bonheur auprès de ces petits, que le vice n'avait pas flétris, que le spectacle de la vie n'avait pas blasés, et son zèle éclairé lui faisait voir dans l'enfance l'espoir de la religion et de la patrie.

Dès son arrivée à Guînes, il s'était donné aux enfants, et les enfants s'étaient donnés à lui. Il les aima jusqu'à la fin; et, en retour, les enfants devaient lui être fidèles jusqu'à la mort et au delà. C'est en faveur de ces chers enfants qu'il fonda ses premières œuvres paroissiales, ouvrant un asile, organisant les catéchismes et les réunions dominicales, et confiant les écoles aux Frères de la Doctrine chrétienne. Cet amour revêtit dans sa vieillesse je ne sais quel caractère de douce prévenance et de bonté vraiment paternelle. Un chansonnier, un prestidigitateur, venait-il à passer, l'abbé Monteuuis le mandait en son presbytère : « Nous ne sommes pas riches, disait-il ; combien demanderiez-vous pour amuser nos enfants ? » Le débat n'était pas long. L'artiste, touché, donnait sa séance à un prix si modeste que la bourse du doyen pouvait y suffire. Le plus souvent, l'abbé Monteuuis composait lui-même de petites saynètes, partageait les rôles, exerçait les acteurs et organisait de petites séances dramatiques et musicales.

La pensée de ses privilégiés ne le quittait jamais. Avant de sortir du presbytère, il remplissait ses poches d'objets de piété, voire même de friandises, pour les distribuer aux enfants pauvres qu'il rencontrait sur la rue ou visitait dans leur chaumière. Ses provisions venaient-elles à s'épuiser trop vite, il entrait chez quelque paroissien et sollicitait en faveur de ses petits amis. De même, lorsque, dans un repas, on insistait pour lui faire accepter quelque gâteau : « J'accepte, puisque vous le voulez, répondait-il ; mais avec votre permission, je le mets en poche ; ce sera pour mes petits pauvres. »

Souvent il ramenait au presbytère quelque malheureux recueilli sur le chemin et lui donnait soit un objet, soit une aumône qu'il ne trouvait plus dans ses poches vides ou dans sa bourse épuisée. S'il ne devait pas rentrer directement chez lui, il leur indiquait l'heure à laquelle ils auraient à se présenter au presbytère. Parfois la bonne, fatiguée de ces visites trop souvent répétées, refusait aux enfants l'entrée du presbytère. Alors le charitable pasteur, pour ne rien laisser perdre à ses protégés et conserver la paix dans son intérieur, avait recours à une innocente industrie. Il *oubliait* son journal ou son bréviaire, puis disait à l'enfant de le lui rapporter à une heure de l'après-midi. La servante remarquait bien que son maître oubliait toujours quelque chose, mais elle l'attribuait à ses distractions bien connues, et se félicitait de voir rentrer des objets qui auraient pu s'égarer.

Les enfants rendaient généreusement à l'abbé Monteuuis l'amour qu'il leur témoignait. A peine paraissait-il sur la place des Tilleuls qu'ils s'empressaient autour de lui et le suivaient dans ses promenades. Il leur arrivait souvent de salir sa soutane d'une main encore humide de beurre ou de sirop. L'abbé Monteuuis ne s'en inquiétait guère, mais la bonne constatait avec désespoir ces taches sans cesse renaissantes. « Encore une fois ces méchants enfants qui ont sali votre belle soutane ! » s'écriait-elle. Et le vieux doyen de répondre simplement : « Que voulez-vous, ils étaient si nombreux que je n'ai pu m'en défaire. » Un jour que je sortais avec lui, la bonne me recommanda de défendre mon oncle contre de telles marques d'affection. Je me l'étais promis.

Mais à peine étions-nous arrivés sur la place que nous fûmes débordés. Les enfants s'étaient tous précipités sur le bon doyen, dont le sourire semblait les provoquer en les appelant à lui.

Les mères, avides de procurer à leurs enfants la bénédiction du saint prêtre, les portaient à sa rencontre ; lui-même prévenait leurs désirs, et, pénétrant dans les maisons entr'ouvertes, bénissait les enfants au berceau.

> Il fait l'accueil le plus touchant
> Aux bonnes mères attendries
> Qui viennent à ses mains bénies
> Présenter leur petit enfant.

Il ne se contentait pas de bénir les enfants, il rappelait aux parents les devoirs qu'eux-mêmes avaient à remplir vis-à-vis de leur petite famille. « Envoyez-les donc à l'école, au catéchisme, à l'église », disait-il doucement ; puis il en arrivait à évangéliser les parents à leur tour.

> Il montrait aux parents avec autorité
> Que de la loi du Christ, l'amour et la pratique

Doivent s'épanouir sous le toit domestique
Pour sauver la famille et la société.

La bonté exerce sur toutes les âmes un attrait invincible. Cette vertu dominante de l'abbé Monteuuis l'imposait à l'admiration de tous. « Si cette parole n'était pas réservée à Dieu, témoignait devant moi un paroissien, je vous dirais qu'il était la charité même. » Et comme je me récriais : « Que voulez-vous, reprit-il, il ne mettait pas de restriction à l'effusion de sa bonté, pourquoi en mettrais-je à ma louange ? » La voix du peuple lui avait depuis longtemps reconnu cette qualité : « Le bon M. le doyen », « *le bon M. Monteuuis* », telle était l'appellation commune. Ce qualificatif était inséparable de son nom, et l'affection qu'il inspirait perce encore dans l'accent avec lequel les Guînois prononcent ce nom béni.

La bonté s'épanouissait radieuse sur son visage avec une expression d'ineffable douceur. « Il avait un air riant et agréable, contentant tout le monde, Dieu l'ayant prévenu de cette grâce de lui donner un abord cordial et aimable par lequel il semblait vous offrir son cœur et vous demander le vôtre. » Ceux qui l'ont connu ne sauraient se le rappeler autrement que souriant, de ce sourire doux et fin, qui vient à la fois de l'intelligence et du cœur.

Le peintre Alphonse de Neuville, que ses tableaux militaires et ses illustrations ont rendu célèbre, avait été frappé de la physionomie toute pastorale de l'abbé Monteuuis. « Chaque fois que je dois représenter un curé, disait-il, les traits du doyen de Guînes me reviennent à la mémoire et involontairement je trace son portrait (1). Ces façons aimables, suave reflet d'un dévouement sincère, exerçaient autour de l'abbé Monteuuis une véritable séduction et lui assuraient une légitime popularité. Beaucoup d'hommes la cherchent et ne la trouvent pas ; d'autres ne la trouvent que pour la perdre, au jour où se dissipent les illusions qu'ils avaient

(1) Cette ressemblance est surtout frappante dans une gravure où le curé de Saint-Charlemagne à Bourgvillers refuse l'entrée de son église au commandant prussien. La situation toutefois réclame une certaine raideur qui n'était pas dans l'attitude du vieux doyen. (Quatrelles, *A coups de fusil*, ouvrage illustré de 3o dessins hors texte par A. de Neuville.)

fait naître; d'autres enfin ne l'obtiennent et ne la conservent qu'en flattant les plus basses passions. L'abbé Monteuuis n'eut pas à la solliciter, elle vint à lui, parce que les hommes, comme Dieu, aiment celui qui se donne le sourire aux lèvres : *Hilarem datorem diligit Deus,* et lui rendit plus facile la réalisation du bien qu'il voulait faire encore.

Un fait assez curiéux nous montre la faveur presque inamissible dont l'abbé Monteuuis jouissait auprès de ses paroissiens. Au lendemain d'une première communion, deux femmes se plaignaient de leur doyen : l'une aurait désiré pour son fils une meilleure place et l'autre des vêtements plus brillants. Sur ces entrefaites survint une personne d'un village voisin qui se mêla à la conversation. « Vous avez bien raison, dit-elle, tous les curés se ressemblent, et, quoi qu'on en dise, le vôtre ne vaut pas mieux que les autres. » A cette réflexion, les deux Guînoises comprennent jusqu'à quelle ingratitude les a emportées le besoin de parler et de se plaindre, et, prenant fait et cause pour leur curé, elles s'indignent contre cette étrangère qui, à

Guînes même, osait mal parler de M. Monteuuis. « Il n'y a pas un curé au monde comme notre doyen, s'écrient-elles, et ce n'est pas ici qu'on a le droit d'en dire du mal. » La discussion menaçait de tourner au tragique, quand la foule, qui s'était rassemblée, mit fin au débat et chassa la téméraire en la poursuivant de ses rires et de ses quolibets.

Ceux qui s'éloignaient de Guînes emportaient souvent le portrait, et toujours le souvenir du bon doyen. Au mois de septembre 1893, je rencontrai un batelier sur le quai du canal de Bourbourg : « Ah ! monsieur le curé, me dit-il en m'abordant, je ne vous connais pas, mais voyez-vous, quand on a connu M. Monteuuis, on aime tous les curés. Si ceux qui disent tant de mal des prêtres avaient connu M. Monteuuis, ils n'auraient plus qu'à se taire. — Vous êtes donc de Guînes, répondis-je, et vous avez connu M. Monteuuis ? — Si j'ai connu M. Monteuuis ! C'est lui qui m'a baptisé, qui m'a marié, c'est lui qui m'a visité pendant l'épidémie du choléra. Il aurait vendu son lit pour nous venir en aide ! Ah ! quel curé c'était cela ! Vive M. Monteuuis ! »

Quand j'eus révélé au brave homme qu'il se trouvait en présence d'un petit-neveu de son cher doyen, son émotion fut plus vive encore. Il pleurait de joie et ne trouvait à ses sentiments d'autre expression que le cri de « Vive M. Monteuuis ! Vive M. Monteuuis ! »

L'abbé Monteuuis aimait ses Guînois, et il en était aimé. Jamais il ne consentit à s'en éloigner ; et pendant quarante-deux ans il répandit sur eux les effusions de son cœur et les bénédictions de son ministère. « Les sentiments que ses paroissiens avaient manifestés à son arrivée ne perdirent rien de leur vivacité pendant les années que leur curé demeura parmi eux, remarque son premier biographe. Ce long espace de temps s'écoula sans que le plus léger nuage vînt troubler la sérénité de son ministère, sans que le moindre dissentiment altérât la bonne harmonie qui régnait entre le pasteur et le troupeau (1). »

(1) *Annuaire du diocèse d'Arras*, 1877.

# CHAPITRE VII

L'ABBÉ MONTEUUIS, DOYEN DE GUÎNES (¹).

L'activité de l'abbé Monteuuis, servie par tant
de talent et de saint zèle, n'était pas restreinte
aux limites de la ville de Guînes. Si la réputation de son éloquence l'avait maintes fois fait
monter dans les chaires des cathédrales, plus
souvent encore la confiance de ceux qui con-
naissaient sa bonté l'appelait à exercer son
ministère jusque dans les plus humbles
paroisses. « En 1873, malgré son grand âge,

(1) La cure de Guînes avait été rattachée au doyenné de Boulogne jusqu'en 1812, puis au doyenné de Calais. Elle ne fut érigée
en doyenné indépendant que le 24 juin 1844. C'est à partir de
cette époque que l'abbé Monteuuis devint doyen de Guînes.

rapporte le curé de Lacres, il vint présider la
fête de l'adoration dans ma pauvre église et
adressa à mes braves paysans une de ces allocutions inimitables qui plaisent à toutes les
intelligences et ravissent tous les cœurs. » —
« De toutes parts, il était fait appel à son zèle,
témoigne encore l'*Annuaire* du diocèse, et
jamais il ne répondait par un refus. Dans toutes
les cérémonies un peu importantes, plantations
de croix, bénédictions d'églises, professions religieuses, prémices, jubilés ou funérailles, on
était sûr de rencontrer le doyen de Guînes, qui,
en toutes circonstances, prêtait volontiers à ses
confrères le secours de son ministère et de son
éloquence. »

Lors des réunions intimes où les prêtres du
canton venaient s'entretenir de l'objet de leurs
études et renouer les liens de leur confraternité,
l'abbé Monteuuis par la sagesse de ses conseils,
les leçons de son expérience et les charmes de
son esprit, déversait en l'âme de ses confrères
la lumière et la paix. Le matin, dans la conférence, on traitait diverses questions de théologie ou d'administration ecclésiastique, puis, on

était tout au bonheur de se trouver ensemble
autour d'un aussi bon père. On ferait un charmant recueil des poésies composées par l'abbé
Monteuuis en ces circonstances. Tantôt il chante
les faits et gestes d'un brave curé de campagne,
tantôt c'est une sorte d'odyssée champêtre où il
décrit, non sans quelque malice, tous les charmes
du village; tantôt c'est la galerie des portraits
de tous les confrères, ou un compliment à
l'hôte du jour. A cette dernière catégorie appar-
tient ce gracieux couplet à l'adresse d'un curé
qui avait nom Martel :

*Avoir Martel en tête* est un vilain proverbe
Qui veut dire qu'on a le cœur plein de soucis,
Qu'on ne sait pas comment se tirer du gâchis.
Que la vie est alors triste, ennuyeuse, acerbe ! —
Mais le sens du dicton diffère de tous points,
Quand, sous ce toit béni, nous nous trouvons en fête :
Car ici, bien choyés, entourés de doux soins,
Tous nous sommes heureux d'avoir Martel en tête.

Plus souvent c'est un acrostiche, genre dans
lequel excellait l'abbé Monteuuis. Ces pièces,

n'ont d'intérêt véritable que pour ceux qui ont connu les personnages; aussi nous bornerons-nous à citer ceux qu'il composa sur le nom des abbés *Flajollet* et *Dupont*.


Frères, que j'aime à voir en ces charmants parages
Le village d'Ecote avec ses verts ombrages,
Avec son clocher bleu, sous un beau ciel d'azur,
Joli, frais et coquet, dans un air toujours pur !
On est ravi d'ouïr la cloche de l'église,
Le doux chant des oiseaux, le souffle de la brise,
Le flageolet du pâtre au bord de la forêt,
Et la naïve voix de la jeune payse ;
Tout me plaît, et surtout, je t'aime, ô *Flageolet*.


Les vers consacrés à l'abbé Dupont ont une signification plus élevée.


Depuis que le Sauveur est mort sur le Calvaire,
Un pont mystérieux joint le ciel à la terre ;
Pour marcher au-dessus de l'abîme profond,
On trouve, en priant bien, le saint appui d'un ange.
Vous qui voulons du ciel le bonheur sans mélange,
Tenons toujours la main du bon ange *du pont*.

Le doyen de Guînes fut bien payé de ces
aimables acrostiches par la réponse de l'abbé
Dutoit.

Il est un sentiment qui seul vaut un trésor ;
Son nom, c'est l'amitié, son règne, l'âge d'or ;
Il vibre doucement ce sentiment sincère,
Dans nos réunions au cœur de tout confrère.
Oui, c'est une oasis que ce canton guînois,
Rien ne s'y fait jamais que d'un cœur, d'une voix ;
Et notre sort excite autour de nous l'envie.

Mais à qui devons-nous cette sainte harmonie ?
On l'a dit, à bon droit, de cet accord parfait
Notre doyen sait seul mettre en jeu le secret :
Tout par lui, sans effort, s'harmonise et se place,
En tout il pense à nous, et toujours il s'efface.
Unissons donc nos cœurs dans son cœur paternel,
Unissons tous nos voix par un toast solennel :
Insigne et bon doyen, que tout confrère honore,
Sois notre orgueil à tous au moins vingt ans encore !

Cet acrostiche exprimait les sentiments des
prêtres du canton, car, selon la remarque de
l'*Annuaire*, « les relations de M. Monteuuis avec
le clergé du doyenné avaient je ne sais quoi

de simple, de sympathique et d'aimable qui les rendait agréables à tous. On peut dire qu'il était l'âme de toutes les réunions par les heureuses saillies de son imagination, par ses traits d'esprit, par la finesse de ses observations, par la franchise de ses allures et sa bonhomie si pleine d'agrément. »

Il était une circonstance solennelle où les prêtres et les fidèles du canton se groupaient autour de leur doyen ; c'était dans l'octave de l'Assomption, à l'occasion du pèlerinage de Notre-Dame de Boulogne. Quelques semaines avant le jour fixé, l'abbé Monteuuis rappelait aux curés ce devoir de piété filiale et d'union fraternelle, et leur recommandait de conduire à Boulogne leurs groupes les plus gracieux, et d'y porter leurs plus riches bannières. Jaloux de conserver la première place à sa paroisse de Guînes, il prenait personnellement la direction du chant et des cérémonies. Lors de l'érection de la statue de Notre-Dame dans la niche du dôme, il entraîna même la musique communale qui vint rehausser l'éclat de la fête. « Le pèlerinage de Guînes était l'un des plus beaux et l'un des plus suivis, nous disait un vieux prêtre attaché à la cathédrale, et il le devait au zèle et à l'influence de son éminent doyen. » L'abbé Monteuuis resta fidèle jusqu'au bout à la bonne Vierge. Sa croix de chanoine, offerte en ex-voto à ce pieux sanctuaire, témoigne encore aujourd'hui le culte particulier qu'il avait pour Notre-Dame de Boulogne.

Son tact parfait et sa réputation d'éloquence le désignèrent souvent pour prononcer l'éloge funèbre des curés du canton ou des doyens des villes voisines. Les discours qu'il prononça, en 1863, aux obsèques de M. Daniel, doyen de Calais, et, en 1855, à celles de M. Lenain, doyen de Marquise, furent particulièrement remarqués. En cette dernière occasion surtout les qualités de l'orateur se révélèrent dans toute leur perfection, lorsque, traduisant en un langage ému ses sentiments et ceux de ses compatriotes, il épancha son âme dans leur âme et leur redit tout le bien que l'excellent curé avait fait à sa chère ville de Marquise.

L'autorité de son expérience valut à l'abbé Monteuuis d'être choisi pendant de longues

années comme interprète des pensées et des sentiments du clergé auprès des évêques du diocèse.
Son éloquence fut à la hauteur de sa mission, et
il s'acquitta de cette délicate fonction à la satisfaction de ses mandants et de ses supérieurs.
Nous avons retrouvé le texte de ces discours dans
les papiers du doyen et dans les journaux de
l'époque qui se firent à travers la France entière
l'écho de sa parole. Les longs extraits que nous
en donnons viendront bien à propos combler
une lacune de cette étude. Nous ne pouvions
songer à publier les allocutions de l'abbé Monteuuis, comme nous avons publié ses poésies;
et pourtant c'est à son talent d'écrivain et d'orateur que le doyen de Guînes dut sa réputation
et la fécondité de son ministère. Déjà nous en
avons donné quelques extraits, mais ces pages
suivies permettront de mieux apprécier l'élévation de ses idées, la délicatesse de ses
sentiments, son aimable abandon, sa période
douce et facile, en un mot, ce style où se reflète
la beauté parfaite d'une âme préservée de tout
excès et de toute défaillance par une contempla-
tion ininterrompue de l'idéal vrai : Dieu et le bien.

L'*Univers* a conservé l'allocution adressée par l'abbé Monteuuis à Sa Grandeur Mgr Parisis, le 28 août 1852, à l'issue de la retraite dont le P. Chaignon avait donné les exercices dans l'institution de M. l'abbé Haffreingue, à Boulogne. Au cours de cette retraite, le cardinal Wiseman, de retour des fêtes de Cambrai, s'était arrêté à Boulogne et avait parlé aux retraitants. L'abbé Monteuuis ne pouvait manquer de faire allusion à son passage et à son discours. Il remplit son compliment du souvenir de ces quatre personnages restés célèbres à des titres divers : le P. Chaignon, Mgr Parisis, le cardinal Wiseman et Mgr Haffreingue.

Avant de quitter ce pieux asile, de descendre de la montagne sainte pour aller combattre de nouveau dans la plaine les combats du Seigneur, c'est un besoin pour nous de déposer aux pieds de Votre Grandeur l'hommage de notre respect, de notre filiale soumission et de notre dévouement sans bornes, de lui offrir le tribut de notre reconnaissance pour sa sollicitude vraiment paternelle à l'égard de ses prêtres, et, en particulier, pour l'inestimable bienfait de cette retraite ecclésiastique que nous devons au zèle qui la dévore pour la gloire de Dieu et le salut des âmes.

Quelle grâce pour nous, en effet, que cette retraite ! Pendant six jours un homme selon le cœur de Dieu, un homme, dont la profonde charité n'est égalée que par sa science et son zèle, a porté la lumière dans tous les replis de notre conscience : il nous a montré le malheur et le trouble de celui qui néglige ou oublie ses devoirs, la paix et le bonheur de celui qui reste fidèle à la pratique des vertus sacerdotales.

Pendant six jours, ces vertus si éloquemment recommandées nous ont été prêchées plus efficacement encore par la présence et l'exemple de notre bien-aimé prélat. Oui, Monseigneur, pendant ces six jours, nous avons trouvé en vous un guide éminemment éclairé dans les voies de Dieu, marchant devant nous et avec nous, nous signalant les écueils et aplanissant par ses sages conseils et sa prudente direction les difficultés de la route ; nous avons trouvé en vous un père qui se plaît à épancher son cœur dans le cœur de ses enfants et qui jouit lui-même du bonheur que sa présence leur procure ; nous avons trouvé en vous un ami qui, voilant par sa modestie l'éclat de sa position, descend jusqu'aux plus humbles par les effusions de sa tendresse. L'intérêt que vous portez à vos prêtres est trop sincère et trop vrai pour que vous ne les avertissiez pas de leurs imperfections, et vous le faites avec une bienveillance si grande, une indulgence si affectueuse,

qu'on se sentirait non seulement coupable envers Dieu,
mais aussi bien ingrat envers un si bon père, si l'on en
venait à le contrister encore, et si l'on ne se hâtait de
rompre au plus vite avec les défauts qu'il signale. —
Oh ! comme en ces beaux jours nous avons délicieuse-
ment éprouvé les effets de cette loi mystérieuse d'imi-
tation et de sympathie qui porte en quelque sorte irré-
sistiblement à ressembler, dans la mesure de ses
moyens, à ceux auprès desquels on vit. Depuis que
Votre Grandeur est au milieu de nous, et qu'avec elle
une surabondance de grâces est entrée dans cette sainte
maison, nous nous sentons de plus en plus portés à
pratiquer ces belles vertus dont nous trouvons dans
notre évêque un si parfait modèle !

N'est-ce pas encore à vous, Monseigneur, que nous
devons d'avoir possédé parmi nous un homme dont la
présence seule est une vivante leçon des plus saintes
vertus ? Nous avons senti nos cœurs s'embraser d'un
feu nouveau, et notre zèle s'animer et grandir, en
voyant, en entendant cet éminent cardinal, l'apôtre de
l'Angleterre, ce noble athlète de la foi, qui tient l'éten-
dard catholique haut et ferme malgré les orages sou-
levés par l'hérésie, et qui, au plus fort de la tourmente,
appelle encore à lui les pauvres naufragés de l'erreur et
les recueille dans le sein maternel de l'Église avec une
joie qui lui fait oublier toutes ses douleurs !

Heureux sommes-nous aussi d'avoir fait notre retraite
dans une maison si digne des bénédictions de Dieu,

par l'ardente charité et la foi créatrice de son chef vénérable, dans une maison sur laquelle les regards de la Vierge Immaculée se reposent avec tant de complaisance !

Et maintenant, Monseigneur, nous allons rentrer dans nos paroisses avec la ferme résolution de travailler sans relâche à gagner des âmes au Seigneur. Il nous tarde d'aller redire à nos populations tout ce que nous avons trouvé dans Votre Grandeur de lumière, de zèle, de dévouement et d'amour pour ses prêtres et ses diocésains. Tous, pasteurs et brebis, d'un bout du diocèse à l'autre, nous bénirons d'une voix unanime la divine Providence de ce qu'elle vous a donné à nous (1).

L'abbé Monteuuis resta jusqu'à la fin l'interprète du diocèse devant l'évêque d'Arras. Pour être fidèle aux sentiments d'une profonde reconnaissance, il savait varier ses discours par l'originalité des idées et la délicatesse des allusions. Il appuyait toutefois avec une pieuse insistance sur le grand bienfait que

(1) L'année suivante, l'abbé Monteuuis, au nom de ses confrères, remerciait en de beaux vers le P. Chaignon qui leur prêchait la retraite pour la seconde fois. Ces strophes se trouvent imprimées dans la *Vie du R. P. Chaignon*, par le P. Séjourné. Paris, Victor Retaux.

Mgr Parisis avait assuré à l'Église d'Arras en régularisant les retraites ecclésiastiques.

Comme des voyageurs, fatigués d'une longue course à travers des contrées arides, bénissent la Providence qui leur ménage une source limpide et de frais ombrages où ils peuvent se désaltérer et prendre de nouvelles forces ; ainsi, voyageurs apostoliques en cette région brûlante et ténébreuse qu'on appelle le monde, affaiblis par la marche et les combats de chaque jour, nous aspirons après une oasis pour y reposer notre âme, la rafraîchir et la fortifier. Comme des matelots battus par la tempête soupirent après le port où ils pourront radouber leur navire à demi brisé, ainsi, faibles navigateurs souvent ballottés par les flots et les courants contraires d'une mer non moins orageuse, nous aspirons après un port où nous puissions ranimer nos forces épuisées et réparer ce que notre barque pourrait avoir perdu de force et d'activité. Grâce aux prévoyantes bontés de Votre Grandeur, ici nous l'avons trouvé ce port tranquille, ici nous les avons rencontrés ces frais ombrages, cette source limpide dont les eaux rejaillissent jusqu'à la vie éternelle.

Faisant allusion à la réfutation que Mgr Parisis avait écrite du livre impie de Renan, à la restauration du séminaire qu'il avait relevé des ruines de l'incendie et à l'œuvre des vieux prêtres qu'il avait fondée, l'abbé Monteuuis poursuivait :

Où trouverions-nous un guide plus éclairé et plus sûr que celui qui naguère encore, sur la brèche par laquelle l'ennemi cherchait à s'introduire dans la cité sainte, renversait, sans daigner le nommer, un audacieux sophiste, et, versant des torrents de lumière sur le sacrilège apostat, sur le défenseur éhonté de Judas et de Pilate, dévoilait sa turpitude et son ignorance par une démonstration complète et substantielle de la divinité de Jésus-Christ ? Où trouverions-nous jamais un père plus prévoyant et plus tendre que celui qui, étendant sa sollicitude sur tous les âges de la famille sacerdotale, a relevé comme par enchantement l'asile incendié des jeunes Benjamins du sanctuaire, et a rappelé sous ce toit béni, les pauvres petits dispersés par cet immense désastre ? Où trouverions-nous jamais un père plus prévoyant et plus tendre que celui qui, jugeant des sentiments de ses prêtres par ses propres sentiments et se plaisant à penser que, pleins de confiance en la Providence pour les jours futurs, ils n'hésitent point à consacrer aux bonnes œuvres les modestes fruits de leur labeur, s'inquiète de leur avenir temporel, veut dégager

de plus en plus leur zèle de toute préoccupation terrestre, et cherche, dans sa sagesse et dans sa bonté, les
moyens de leur assurer une existence douce et honorable pour les tristes jours des infirmités et de la vieillesse ?

Sur ces discours passe un souffle de respect
et d'entier dévouement qui animaient l'âme sacerdotale de l'abbé Monteuuis à l'égard du pasteur du diocèse.

Ces sentiments, qu'il communiquait à ses
confrères lors des Retraites ecclésiastiques, il les
faisait aussi partager à ses chères ouailles de la
ville de Guînes, et l'enthousiasme qui accueillait
l'évêque au jour de sa visite, attestait la sincérité
des paroles écrites sur les arcs de triomphe :
« Béni soit celui qui vient au nom du Seigneur! »

Les évêques qui se succédèrent sur le siège
d'Arras témoignèrent au vénéré doyen non
seulement de l'estime, mais encore une affection presque fraternelle. A diverses reprises,
le cardinal de la Tour d'Auvergne fit part
au vicaire de Saint-Omer et au curé de Guînes
de la confiance qu'il avait en lui. « Peut-être le

mois de mai, le mois de l'épanouissement de toutes les beautés de la nature m'inspirera-t-il une réponse jolie comme votre lettre, lui écrivait-il le 30 avril 1850. Au reste, nous nous connaissons depuis longtemps, et si je ne vous dis pas ce que je voudrais vous dire, vous attribuerez mieux à mon cœur et vous n'accuserez d'insuffisance que ma plume. » Une autre fois, lui réclamant le budget de sa fabrique, il ajoutait aimablement : « Que voulez-vous, mon cher curé, je sais bien qu'on ne fait pas d'arithmétique sur l'Hélicon. » — « Il faut bien que je retranche quelque chose des paroles beaucoup trop flatteuses que vous m'avez adressées à l'occasion du nouvel an, lui répondait Mgr Parisis, le 17 février 1862. J'attribue cette exagération, d'ailleurs fort aimable, moins aux grâces de votre imagination qu'à la bonté de votre cœur. Aussi, je vous le pardonne sans peine, ne voulant rien diminuer des témoignages affectueux dont vous m'envoyez l'assurance, non plus que du tendre attachement que vous me reconnaissez pour vous et dont je suis heureux de vous renouveler la bien sincère expression. » Et, ren-

dant compte de sa tournée pastorale, il écrivait :
« J'ai eu spécialement, dans le cours de cette
année, l'occasion d'apprécier le bon cœur et le
bon vouloir de M. le Doyen de Guînes. J'aime à
l'en remercier. » — « Que le bon Dieu vous
conserve longtemps à un doyenné où vous êtes
si vivement et si justement aimé, » disait
Mgr Lequette en l'année 1866 ; et dix ans plus
tard, lors des fêtes jubilaires du vieux doyen, il
proclamait bien haut en quelle estime il le tenait,
et quelle affection il éprouvait pour lui. Il devait
renouveler ces protestations sans aucune restriction ni réserve sur la tombe du « bon et
cher abbé Monteuuis ».

# CHAPITRE VIII



L'ABBÉ MONTEUUIS ET SA FAMILLE.
LES FÊTES DE SON JUBILÉ

Le dévouement et l'abnégation avec lesquels il se consacrait à sa paroisse, pourraient faire croire que le curé de Guînes avait laissé se relâcher ses relations de famille. Il n'en était rien pourtant ; et il avait continué d'entourer ses parents, comme par le passé, de l'affection la plus généreuse et d'une sollicitude toujours empressée à leur porter secours et à les consoler.

Son père, Barthélemy Monteuuis, n'avait pas amassé une grande fortune au cours de ses trente-cinq années d'enseignement, et il avait consacré tout son avoir à l'établissement de sa

nombreuse famille et aux œuvres de la charité
chrétienne. Isidore, témoin de la pénible situation
où les vieillards s'étaient réduits par amour pour
leurs enfants, s'entendit avec ses frères et sœurs
pour assurer à ses parents une vieillesse moins
précaire. Par une attention d'une délicatesse toute
filiale, il leur ménagea la jouissance d'un vaste
jardin situé dans les faubourgs de Marquise ;
ainsi, le vieillard s'apercevait moins de l'exiguïté
de l'habitation où il s'était confiné après avoir
laissé le pensionnat. Bien plus, le génie du cœur
inspira à l'abbé Monteuuis de procurer à son
vieux père cette douce illusion qu'il suffisait lui-
même à ses besoins, en obtenant pour ce vieux
serviteur de la ville et du pays un modeste
débit de tabac dont le revenu parait aux nécessités de sa modeste existence. Ainsi, grâce
à la reconnaissance de ses enfants, le vieux
maître de pension trouvait un doux repos après
les labeurs et les travaux d'une vie si éprouvée.
Barthélemy profitait de ces loisirs pour continuer
les chères études qui avaient rempli sa vie tout
entière : il revoyait la septième édition de sa
grammaire et consacrait jusqu'à sept heures

par jour à l'instruction de quelques enfants de ses amis.

Cependant, les habitants de Marquise et surtout les membres de sa famille avaient gardé à ce patriarche de l'éducation, une vénération mêlée de respectueuse estime et d'affectueux dévouement. Une occasion se présenta de manifester hautement cette sympathie universelle. Barthélemy Monteuuis et Geneviève Broutta venaient d'atteindre la cinquantième année de leur mariage. Force leur fut de céder aux instances des parents et amis et de célébrer solennellement leur jubilé. La fête fut fixée au 14 décembre 1846.

Le héros de la fête nous a fait lui-même le récit de cette intéressante journée. « Au premier coup de cloche, une foule de Marquisiens et d'étrangers stationnaient depuis la place jusqu'à l'église, encombrant les rues par où devait passer le cortège. Les vingt-six personnes qui le formaient eurent peine à se frayer un passage et à s'avancer jusque dans le chœur. Dès que nous fûmes entrés, notre société philharmonique se fit entendre. Mon fils, le doyen de Guînes, célébra la messe, au cours de laquelle les musiciens exécutèrent plusieurs morceaux. A l'élévation, une de mes filles et la plus âgée de mes petites-filles chantèrent un *O salutaris*. A l'issue de la messe, le doyen de Guînes prononça un discours qui fit couler nos larmes et celles de l'assistance tout entière.

» Le repas fut très gai, comme on peut le croire. Nous étions au comble du bonheur. Avec quelle satisfaction, nous contemplions cette belle famille, composée de nombreux enfants et petits-enfants, si bons, si aimants, si instruits! Les personnes qui sont pères et mères d'une grande famille me pardonneront, observe Barthélemy, cet épisode un peu étendu sur la cinquantaine. Que voulez-vous ? *La vieillesse est bavarde : Senectus loquax*. Quand on a vu, comme ma femme et moi, tant de choses extraordinaires, on aime à en parler, on aime surtout à se reporter à cette touchante cérémonie et l'on goûte une joie suave que l'amour paternel seul peut faire apprécier. »

L'abbé Monteuuis avait contribué, pour sa grande part, au succès de la fête et à la joie des

bons vieillards. Les sentiments élevés et délicats, les accents pénétrés et émus avec lesquels
il avait célébré leurs noces d'or avaient ajouté
à l'émotion religieuse de la cérémonie du matin ;
le soir, par sa piété filiale, sa prévenance pour
tous, ses poésies et ses chants, il avait donné à
la réunion de famille un charme et un éclat ravissants. Il fut récompensé de cette touchante
charité par la reconnaissance de son père et de
sa mère, de ses frères et de ses sœurs, et plus
encore par les consolants souvenirs qu'il conserva lui-même dans son cœur de fils et de
prêtre. On retrouve l'expression de cette douce
joie dans la lettre qu'il écrivit quelques jours
plus tard à sa sœur Caroline et à son époux,
M. Van de Linde. « La fête anniversaire de la
cinquantième année de mariage a été fort belle ;
mais elle s'est trouvée incomplète parce que ni
vous, ni Caroline, ni Ferdinand, ni Victor, n'avez
pu y assister. Nous vous avons beaucoup regrettés. Tout Marquise s'est porté à l'église. La
musique de la garde nationale a joué divers morceaux et notre sœur Geneviève a chanté. Cette
musique, venue d'elle-même, sans invitation, et

ce nombreux concours, nous ont fait voir combien le cher père et la chère mère sont aimés de leurs concitoyens. Le dîner était une espèce de *pique-nique* où nous avions apporté chacun notre plat. Au dessert, j'ai chanté une longue chanson comique intitulée : *Le Daguerréotype du Jubilé,* où se trouvent reproduits les portraits de tous les fils et gendres. Je vous envoie cette chanson par le même courrier. On a beaucoup ri, et papa et maman paraissaient rajeunis de vingt ans. Ils l'auraient été de quarante si vous aviez été là tous deux avec Ferdinand et Victor. »

L'abbé Monteuuis n'était pas seulement, pour ses parents, le visiteur des jours de fêtes. Ses visites étaient fréquentes, et, dans ses longues causeries, il les aidait de ses bons conseils et de ses douces paroles à supporter les souffrances inséparables de la vieillesse.

Le 7 décembre 1848, il fermait les yeux à sa digne mère, Geneviève Broutta, qui mourut la première entre les bras de son époux désolé et sous la bénédiction de son cher Isidore. « Elle a fait tant de bien dans sa vie, écrivait-il à l'un de ses frères, consolant à la fois sa douleur et celle de toute sa famille ; elle a souffert depuis six mois les douleurs de sa maladie avec tant de résignation ! elle a reçu les sacrements avec une foi si vive, que nous devons espérer que, riche en bonnes œuvres et épurée par ses souffrances, elle a droit au bonheur des élus. Toutefois, unissons nos prières et nos larmes pour appeler sur elle les miséricordes de Dieu. »

Barthélemy avait ressenti vivement cette cruelle épreuve, et, le chagrin ajoutant à ses infirmités, il ne tarda pas à s'acheminer à son tour vers la tombe. L'abbé Monteuuis fut le consolateur de ses derniers jours et lui ferma les yeux, comme il avait fait pour sa digne mère. La foule qui avait acclamé le vieux maître de pension aux fêtes du jubilé lui fut fidèle jusqu'à la mort, et vint plus nombreuse encore prier et pleurer sur sa tombe. Des magistrats, des amis, d'anciens élèves redirent aux jeunes générations ce qu'avait été depuis trois quarts de siècle ce citoyen, ce maître, cet ami qui, « pendant quarante années, avait répandu dans le pays de Marquise les bienfaits d'une éducation religieuse et d'une instruction solide ».

Dans ces discours se trouvait un éclatant hommage rendu au dévouement de l'abbé Monteuuis, « dont la piété filiale n'avait connu d'autres bornes que celles du possible ».

Sous l'inspiration de cette même piété filiale, l'abbé Monteuuis résuma le caractère et la vie de ses chers parents en cette épitaphe émue, que l'on voit encore au cimetière de Marquise :

Au bien de la jeunesse il dévoua sa vie ;
Voyant dans les enfants l'espoir de la patrie,
Durant un demi-siècle il a mis son bonheur
A former, à polir leur esprit et leur cœur.
Il leur faisait aimer Dieu, l'honneur, la science,
Et versait la lumière en leur intelligence,
La vertu dans leur âme, en leur parlant du Ciel.
Ses élèves en lui retrouvaient un bon père,
Dans sa douce compagne une seconde mère,
Et se croyaient encor sous le toit paternel.
De tous les malheureux, leur maison fut l'asile ;
Du pauvre, du malade, ils étaient le soutien ;
Et, suivant chaque jour la loi de l'Évangile,
Tous deux ont ici-bas passé, faisant le bien.

L'abbé Monteuuis reporta sur ses frères et

sœurs, sur ses neveux et nièces la tendre affection et le généreux dévouement qu'il avait témoi-
gnés à ses chers parents. Jusqu'au dernier jour
il fut tout entier à sa famille comme à ses amis,
« se faisant l'écho de toutes les joies et de toutes
les tristesses, répandant des prières sur les
tombes, versant l'eau sainte sur les berceaux,
donnant les bénédictions nuptiales, partout et
toujours le cœur en éveil et tout plein d'échos
pour les douleurs comme pour les joies, toujours
dévoué, toujours serviable, sans que la distance
ni les années aient jamais rien altéré de la générosité de son âme (1). »

Les bienfaits répandus par l'abbé Monteuuis
à Marquise, à Saint-Omer et à Guînes, avaient
excité au cœur de ses parents, de ses amis et de
ses paroissiens des sentiments de reconnaissance
qui ne demandaient qu'une occasion pour écla-
ter au grand jour. Une circonstance se présenta
qui leur permit d'affirmer publiquement les pro-
fonds retours du cœur provoqués par cinquante

(1) Discours de M. de Neuville au jubilé du 4 mai 1875.

années d'un dévouement sans bornes. Le 24 juillet 1874, l'abbé Monteuuis était entré dans la cinquantième année de son sacerdoce. La modestie du bon curé se refusa d'abord à l'éclat d'une fête jubilaire, mais l'élan fut irrésistible, et la solennité fut fixée au 4 mai 1875.

Une souscription s'ouvrit. Riches et pauvres, jaloux de concourir à la fête, apportèrent leur or ou leur modeste obole. Par les soins intelligents d'un comité de dames, les murs de l'église se revêtirent de tentures, d'écussons, de bannières, de fleurs et de guirlandes. Les artistes de Guînes et des villes voisines préparèrent une messe à grand orchestre. La manifestation trouva sa haute consécration et son complément dans la présence de S. G. Mgr Lequette, qui vint présider lui-même cette fête de famille. Le 3 mai, les autorités, au nom de la population guînoise, offrirent leurs félicitations au vénéré jubilaire et le remercièrent des services rendus à la religion et à la société pendant les fécondes années de son sacerdoce. Les enfants, qui n'avaient pas à compter avec les exigences du cérémonial, s'étaient déjà rendus au presbytère et avaient récité de gracieux compliments. N'était-il pas tout naturel que les premiers dans son amour et dans ses soins fussent les premiers à lui témoigner leur reconnaissance?

Le lendemain, 4 mai, l'enthousiasme s'accrut lorsqu'on vit les étrangers arriver en foule des villages voisins et des villes de Boulogne, Marquise, Calais, Saint-Omer et Bourbourg. Les Guînois avaient eux-mêmes provoqué cette affluence. Ils étaient fiers de leur doyen et voulaient montrer à tous comment ils savaient reconnaître ses bienfaits. Tout Guînes était en fête; les habitants avaient profité du jubilé de leur père commun pour célébrer au foyer de la famille les agapes de l'amitié.

A dix heures et demie, le cortège se mit en marche. L'émotion fut grande, lorsque l'abbé Monteuuis, entouré de cinquante prêtres, ses confrères et amis, apparut sur le seuil du presbytère, rayonnant de joie et de bonheur, orné des insignes du sacerdoce qu'il avait revêtus pour la première fois en 1824. Elle fut plus profonde et plus vive encore quand le véné-

rable jubilaire monta à cet autel qui réjouissait
sa vieillesse toujours jeune, comme cinquante
ans auparavant il avait réjoui sa jeunesse déjà si
mûre pour les charges du sacerdoce. L'Évangile
terminé, Mgr Lequette, rappelant la sublime
mission du sacerdoce catholique, montra comment cet idéal se trouvait réalisé dans le vénérable jubilaire, dont les vertus sacerdotales et
l'action évangélique étaient éloquemment pro-
clamées par le respect et le dévouement de tous
ceux auprès desquels il avait exercé son ministère. Ces paroles éloquentes mettaient à l'épreuve
l'humilité du pieux curé, mais elles augmentaient
la joie des fidèles de Guînes en confirmant la
haute idée qu'ils s'étaient faite de leur doyen.
En sortant de l'église, tous redisaient avec un
accent de conviction plus profonde ces paroles
inscrites sur les arcs de triomphe :

Du Dieu de charité, c'est l'envoyé, c'est l'ange,
Qu'on aime, qu'on bénit, qu'on vénère en tout lieu.
A la voix du pays joignons notre louange
Pour exalter celui qui vient au nom de Dieu.

Vers la fin du repas qui réunit autour du jubilaire les autorités civiles et religieuses, ses parents, ses confrères et ses amis, l'abbé Monteuuis répondit à tous dans des strophes aussi riches d'idées et de sentiments que brillantes de style et d'harmonie, où se révèle son âme de poète et de prêtre.


Ce matin, quand je vis, dans leurs habits de fête,
Mes Guînois se porter vers la maison de Dieu,
Et nos braves pompiers, tambours, musique en tête,
Escortant le Conseil, prendre place au saint lieu,


Lorsque je vis le temple, éclatant de lumières,
Tout parfumé d'encens, enguirlandé de fleurs,
Et ces prêtres nombreux, mes amis et mes frères,
Et nos bons marguilliers, mes chers coadjuteurs,


Lorsque je vis mes sœurs, mes neveux et mes nièces,
Et le seul frère hélas! que le ciel m'ait laissé,
M'entourant à l'envi de toutes leurs tendresses,
Ressusciter pour moi les douceurs du passé,


Quand, du haut de son trône, un prélat vénérable,
Dispensateur sacré des richesses du Ciel,

Laissait tomber sur moi, pauvre, humble et misérable,
Comme un rayon d'en haut, son regard paternel,


Quand, près du saint pontife et de son grand vicaire,
Dont le nom est béni dans l'évêché d'Arras,
Je vis du Boulonnais le premier dignitaire,
Et notre grand doyen, et nos bons magistrats,


Quands j'entendis des voix suaves, angéliques,
Ondulant sous les nefs en flots harmonieux,
Et tous ces instruments aux accords symphoniques,
Qui me semblaient l'écho d'un saint concert des cieux,


Quand, témoin de l'ardeur de mon jeune vicaire
Pour mener aujourd'hui la fête à bonne fin,
Je ressentis en moi ce que ressent un père,
L'aimant comme Jacob aimait son Benjamin,


Quand je vis ces tissus d'or, d'argent et de soie,
Offerts par mon troupeau, comme un gage d'amour,
Je me suis dit : Oh ! non, l'on ne meurt pas de joie :
Car ce jour eût été pour moi le dernier jour.


Mon âme, épanche-toi… dis ta reconnaissance
A l'envoyé du Christ, au digne et saint Prélat,

Qui se fait tout à tous et vient, par sa présence,
Doubler de cette fête et le charme et l'éclat !

Que Dieu, sur une vie à tous nos cœurs si chère,
Verse longtemps encor ses bienfaits les plus doux.
Pour le bien des enfants qu'il rende heureux leur père ;
Car son bonheur à lui, c'est le bonheur à nous.

Seigneur, que mes brebis, sous ta main protectrice,
Marchent dans les sentiers qui conduisent à Toi,
Et, repoussant l'ivraie et les appâts du vice,
Se nourrissent d'amour, d'espérance et de foi.

Mon Dieu, tu sais combien leur chute m'est amère...
Soutiens-les, fais-les croître en sagesse, en vertus.
Quand viendra le grand jour, accueille-les en père,
Et laisse-les entrer au bercail des Élus.

Sur ma chère famille, à toi toujours soumise,
Et sur mes bons amis du dedans, du dehors,
Qui de riches présents ont doté mon église,
De ta grâce, Seigneur, épanche les trésors.

Parents bien regrettés, ô mon père, ô ma mère,
Qu'en esprit je contemple au sein du Paradis,
Je vous vois souriant à cet anniversaire ;
Avec le bon prélat, bénissez votre fils.

De la joie en mon cœur déborde la mesure...
Comblé de toutes parts d'honneurs et de bienfaits,
Comme le saint vieillard dont parle l'Écriture,
Après un jour si beau, je puis mourir en paix.

La fête d'aujourd'hui ravive en ma mémoire
L'heure trois fois bénie où je fus appelé
Pour célébrer de Dieu les bienfaits et la gloire,
Cette heure où sur mes doigts l'huile sainte a coulé.

Oh ! que l'œuvre du prêtre est grande ! Qu'elle est belle !
Faire connaître, aimer et servir le Seigneur,
Et, rappelant à tous sa bonté paternelle,
De tous lui ramener ou lui garder le cœur.

Et, depuis cinquante ans, tel est mon ministère.
L'ai-je toujours rempli comme Dieu le voulait ?...
Puisse-t-il, envers moi n'étant pas trop sévère,
De mes faibles efforts se montrer satisfait !

Mes cheveux blancs, mon corps, courbé par le grand âge,
M'annoncent que ma course est bien près de finir.
Lorsque j'aurai franchi le funèbre passage,
Amis, au vieil ami donnez un souvenir.

Aux fêtes de l'Eglise, aux jours de conférence,
Qui pour moi, près de vous, ont toujours tant d'attrait,

Oh ! ne m'oubliez pas... et qu'en vous, mon absence,
Confrères bien-aimés, éveille un doux regret !

Alors, des jours passés évoquant la mémoire,
Puissiez-vous dire : « Ici manque le vieux doyen.
Nous rendre heureux était son bonheur et sa gloire ;
Il nous a tant aimés, aimons-le toujours bien. »

Et de vos cœurs si bons qu'une sainte prière,
Payant mon cœur ami d'un précieux retour,
Monte, monte, et, pour moi, demande au divin Père
Une petite place au céleste séjour.

Et puis, quand vous aurez, comme de saints apôtres,
Au service de Dieu voué votre labeur,
Puissions-nous tous un jour, les uns auprès des autres,
Nous retrouver au sein de l'éternel bonheur !...

Pour clore dignement une si belle fête,
Amis chrétiens, donnons un pieux souvenir
Au noble prisonnier, à l'invincible athlète,
Au magnanime Pie, au Pape-Roi, martyr.

O Dieu juste et puissant, prends en main sa défense,
Lève-toi, mets un terme à ses longues douleurs,
Et qu'enfin rétabli dans son indépendance,
Il règne sur son peuple ainsi que dans nos cœurs !...

Le bon curé avait donné libre cours à l'émotion dont son âme était pénétrée au souvenir toujours vivant des grâces dont Dieu l'avait comblé pendant les cinquante années de son sacerdoce, en même temps qu'au sentiment délicieux de la reconnaissance que les manifestations du matin avaient si doucement réveillée dans son âme. Mais ceux qui, pendant un demi-siècle, avaient joui des bontés de l'abbé Monteuuis, ne croyaient pas pouvoir s'en tenir à ces démonstrations extérieures ; à leur reconnaissance il fallait une expression à la fois plus éloquente et plus précise. Le maire de la ville de Guînes, à l'existence de laquelle le nom de l'abbé Monteuuis était à jamais lié, se fit l'interprète de la population en acclamant « ce digne pasteur dont le ministère avait été inspiré de sagesse et de bienveillance ». Se déclarant incapable d'élever l'éloge à la hauteur des bienfaits : « Ce ne sont pas des paroles, dit-il, qui louent les hommes qui ont, comme l'abbé Monteuuis, charge d'âmes ou de grands intérêts à défendre, ce sont leurs œuvres, les services rendus et le souvenir impérissable qu'ils laissent derrière eux... — Si Votre

Grandeur pénétrait dans les plus humbles chaumières de la ville de Guînes et dans les cantons voisins, disait-il en terminant et en s'adressant à l'évêque, elle trouverait partout le portrait de notre cher doyen. Ce serait peu encore si, en même temps, son image et ses enseignements n'étaient gravés dans tous les cœurs. »

Après cet hommage de la ville de Guînes par l'organe de son premier magistrat, M. l'abbé Dutoit, au nom des curés du doyenné, redit les sentiments de filiale affection que ses confrères éprouvaient pour leur vénéré doyen. Ce compliment fut d'autant plus doux au cœur du jubilaire qu'il réveillait les douces et saintes émotions du sacerdoce dont le souvenir faisait le charme de cette belle fête.

Il est bien loin ce jour, où l'heureux jubilaire,
Humblement prosterné devant le sanctuaire,
    Se vouait au Seigneur,
Ce jour, où, pour l'autel, sacré par le saint chrême,
Il se relevait prêtre, et chantait en lui-même
    Son hymne de bonheur.

Ce jour a fui, mais non ; il renaît plein de gloire ;
Tout un peuple est debout ; il en fait la mémoire
      A la face du ciel ;
Partout dans la cité, l'allégresse rayonne ;
Autour de leur doyen, les Guînois font couronne,
      Priant au saint autel.

Que c'est beau ! Que c'est grand !! Et combien elle brille
Aux regards du Seigneur, cette immense famille
      Qui prie et fait des vœux !!!
Ange du sanctuaire, entends ces vœux des âmes,
Et joyeux porte-les, sur tes ailes de flammes,
      Jusqu'au plus haut des cieux.

De ce divin séjour, d'où se répand la vie,
Puissent-ils redescendre en abondante pluie
      De grâces, de bienfaits !
Et que le saint vieillard, de vingt printemps encore
Salue, avec bonheur, la glorieuse aurore
      Qui luit sur nos souhaits !

Cet heureux jubilé, sa joie et ses délices,
Dans son cœur rajeuni, de ses chères prémices
      Ravive le beau jour.
Des fruits d'un saint labeur, Dieu forme une couronne ;
Sur son front, le prélat, descendant de son trône,
      La pose avec amour.

Honneur au bon doyen ! Tous nous pouvons redire
Combien nous sommes fiers d'être sous son empire,
    De vivre sous ses lois ;
De notre décanat il est l'âme et la vie,
Il y fait l'âge d'or, y répand l'harmonie,
    Au doux son de sa voix.

Il aime à s'appeler notre ami, notre frère ;
Mais en lui nous voyons plutôt un tendre père,
    Un père vénéré :
Qu'il reçoive, en ce jour, nos vœux et notre hommage ;
Son jubilé le rend, par le lustre de l'âge,
    Pour nous deux fois sacré.

Il est le maître-anneau de cette aimable chaîne
Qui tient nos cœurs unis, et la main qui les mène
    Au cœur du saint prélat,
Rivez-les, Monseigneur, à la chaire de Pierre,
D'où, sur le monde entier, notre Pontife et Père
    Jette un si vif éclat.

Un autre toast retentit plus joyeusement encore au cœur de l'abbé Monteuuis : celui de M. Édouard de Neuville, vieil ami dont l'amitié datait, elle aussi, de cinquante ans. M. de Neuville était l'une des âmes de la famille sacerdotale du Jubilaire qui, vicaire à Saint-Omer, l'avait aimé enfant d'un amour de prédilection. A la reconnaissance de la ville de Guînes et des prêtres du doyenné venait se mêler celle des habitants de Saint-Omer ; et ces lointains souvenirs, plus chers, semble-t-il, au cœur des vieillards, ajoutèrent un charme inattendu et une expression plus touchante aux émotions de ce grand jour. Dans le toast de l'ami l'on retrouve des sentiments élevés et délicats, dignes de celui qu'on célèbre et de celui qui parle ; car M. de Neuville avait subi l'heureuse influence de cette amitié chrétienne dont il proclamait aujourd'hui les bienfaits.

Je bois à l'amitié, à l'amitié chrétienne, bien entendu, à ce sentiment le plus naturel et le plus doux, le plus constant et le plus fort, le plus secourable aux vicissitudes de notre destinée terrestre, lorsque sa racine humaine est fécondée par le rayon céleste de la charité. — Cette amitié, vous le savez, a eu ses modèles exquis, sous l'ancienne Loi, dans David et Jonathas ; sous la Loi nouvelle, dans les saints Basile et Grégoire de Nazianze : elle a eu son type de perfection sainte dans le divin Sauveur des hommes qui pleura la mort de son ami Lazare et permit au disciple préféré de reposer sur sa poitrine où il renfermait le foyer des immortelles tendresses.

C'est cette amitié que j'ai eu le bonheur de rencontrer (la Providence en soit bénie!) dans le héros modeste de ces agapes religieuses, dans celui dont vous venez de saluer cinquante années de saint ministère, de zèle pastoral, de don absolu de soi-même au prochain, de vertus aimables et charmantes.

L'affection dont j'ai été l'heureux bénéficiaire est une de ces vertus, et sœur jumelle de toutes les autres : car elle date aussi de cinquante ans. Elle a commencé, lorsque M. le Doyen de Guînes était jeune vicaire de Notre-Dame à Saint-Omer et que celui qui a l'honneur de vous parler était encore sur les bancs du collège dans la même ville.

Dès ce temps-là, M. le vicaire avait ouvert chez lui, sans titre et sans prétention, mais avec une claire intuition des œuvres utiles, un petit Cercle où, sous prétexte de gymnastique littéraire, on faisait l'apprentissage des distractions morales, des goûts sages, des mœurs délicates.

Benjamin de cette camaraderie, il m'est échu de relever les traces du vicaire initiateur sur tous les chemins honnêtes où il dépensait déjà sans compter cette double activité d'esprit et de cœur que sa prodigalité même ne devait pas appauvrir.

Durant les dix années passées par M. l'abbé Monteuuis à Saint-Omer, années qui laissèrent là-bas leur marque, depuis les chaires de nos églises jusqu'aux murs des prisons dont il était l'aumônier, qui gravèrent dans bien des âmes, sans distinction de rangs, des souvenirs encore aujourd'hui très vivants, je vous l'assure, durant ces dix années, le bon abbé fut un frère aîné pour moi.

Mon frère, il l'était d'ailleurs par son affection filiale pour ma mère, par son attachement à tous les miens. Aussi fut-il mêlé à toute ma vie de famille, répandant des prières sur des tombes, versant l'eau sainte sur des berceaux, donnant des bénédictions nuptiales, partout et toujours le cœur en éveil et tout plein d'échos pour nos douleurs, comme pour nos joies, toujours dévoué, toujours serviable, sans que la distance ni les années aient pu altérer en rien la fraternité de nos âmes.

Si bien que mon excellent ami a fait une réalité de ce vœu qu'il m'exprimait un jour dans le langage que vous savez être le sien.

. . . . . . . . . . . . . . .

En nous que l'amitié reste toujours la même,
De loin comme de près, jusqu'à l'heure suprême
Où le Bon Dieu là-haut voudra nous réunir.

Et c'est encore dans sa fidélité à ce programme que

le vénéré doyen de Guînes a désiré ma présence à cette fête mémorable du 4 mai.

Vous comprenez maintenant pourquoi mon toast est tout de reconnaissance, et, s'il a pu m'entraîner en des développements trop personnels, vous me le pardonnerez, j'espère. Buvons, si vous le voulez bien : *A mon meilleur ami, à l'amitié chrétienne.*

Par des acclamations bruyantes, la foule au dehors s'unissait aux effusions intimes qui fêtaient une carrière sacerdotale qui avait rayonné autour d'elle tant de lumière et tant de bienfaisance. Un chœur de quarante-cinq exécutants vint chanter le « bon curé » dans une cantate composée pour la circonstance. Le refrain se terminait par ces mots : *Vive le bon curé!* et la foule, trouvant en ces quatre mots l'expression de sa pensée et de ses vœux, reprenait d'une seule voix et avec un enthousiasme indescriptible : *Vive le bon curé !*

« Belle journée, témoigne le compte rendu où sont résumés les enseignements de cette fête, belle journée toute à la gloire de Dieu, à l'honneur du bon doyen, à la louange de la ville de

Guînes qui s'était levée tout entière pour acclamer dans son pasteur le saint prêtre et l'homme de bien; journée mémorable qui marquera dans les fastes de la paroisse et laissera dans les cœurs de ceux qui en furent les témoins un délicieux souvenir. »

# CHAPITRE IX



## DERNIÈRES ANNÉES DE L'ABBÉ MONTEUUIS

Le jour du jubilé sacerdotal de l'abbé Monteuuis, Mgr Lequette avait exprimé l'espoir de revenir dans neuf ans célébrer le jubilé du doyen. Hélas! ni l'évêque, ni le pasteur ne devaient atteindre ce terme désiré de tous.

Au lendemain des fêtes du jubilé, l'abbé Monteuuis avait repris l'exercice de son saint ministère. Son zèle semblait avoir emprunté un renouveau au souvenir de sa première ordination, et ses forces s'étaient retrempées dans les émotions des consolantes journées du jubilé. Comme s'il avait eu un secret pressentiment de sa fin prochaine, il se montrait en cette dernière

période de sa vie, plus empressé à multiplier ses
bonnes œuvres. Il se plaisait surtout à visiter
son cher Hospice de Guînes. « Sa visite était
pour les pauvres malades ce qu'est le rayon du
soleil aux matelots battus par la tempête; quand
il traversait ces longues salles, semant de ces
mots consolateurs dont il avait seul le secret,
les regards des mourants se ranimaient, un léger sourire errait sur leurs lèvres, puis ils s'en-
dormaient en paix dans le Seigneur parce qu'ils
avaient vu le salut ». La sympathie qu'il avait
toujours éprouvée pour les vieillards avait pris
un caractère d'affectueuse tendresse et de touchante familiarité : « C'est ma maison » disait-
il en parlant de l'Hospice. C'était vrai à tous
points de vue. Les bons vieux aimaient à lui parler comme à un ami, et les vieilles puisaient
abondamment dans sa large tabatière. Il n'était
jamais assez près de ses vieux enfants, ni pour
lui, ni pour eux.

C'est dans l'exercice de cette compatissante
charité que l'abbé Monteuuis devait contracter
le mal qui le ravirait à l'amour des siens. Pendant l'hiver qui suivit son jubilé, il allait fré-

quemment célébrer une première messe à l'Hospice afin d'éviter aux vieillards les rigueurs du
froid et de permettre aux malades d'assister à la
sainte messe. Un dimanche qu'il descendait l'escalier de la chapelle, le pied lui manqua, et, entraîné par la pente, il heurta violemment la tête
contre la muraille. Dominant sa douleur et ne
soupçonnant pas la gravité du mal, l'énergique
vieillard regagna son presbytère. A la vue des
traces de sang répandues sur son visage, sa
vieille bonne, saisie de frayeur, voulut l'empêcher
de se rendre à l'église. Mais lui, sans se soucier
de ces observations : « Allons vite, Marie, ache-
vez le pansement, répliqua-t-il, et laissez-moi
faire. Vous savez bien que je dois encore chanter
la grand'messe. » Lorsqu'il fut à la sacristie,
son vicaire, justement inquiet et pressentant le
dénouement que pourrait avoir ce fâcheux accident, s'opposa à ce que le doyen chantât la
grand'messe, et, ce ne fut que sur les instances
réitérées du vieux curé qu'il consentit à lui laisser célébrer une messe basse. Les paroissiens
ne furent pas moins attristés en voyant l'abbé
Monteuuis la tête enveloppée de linges et la

figure couverte de contusions. Ils admiraient son courage, mais ils étaient anxieux en songeant aux suites graves que pouvait avoir pour leur père l'accident du matin.

L'abbé Monteuuis parut se remettre. Son visage avait repris sa physionomie souriante, et ses paroissiens, revenus de leur première frayeur, espérèrent conserver leur curé de longues années encore. Mais lui ne partageait pas ces espérances. Depuis sa chute, il avait senti s'aggraver l'oppression dont il souffrait déjà. A diverses reprises il laissa percer ses appréhensions. Au mois d'avril 1876, il s'était rendu à Saint-Omer chez son vieil ami M. Edouard de Neuville. Le fameux peintre Alphonse de Neuville, qui se trouvait précisément chez son père, offrit à l'abbé Monteuuis de faire son portrait. « Je ne suis pas portraitiste, remarquait-il, mais votre physionomie est tellement présente à mes yeux et à mon cœur que j'espère réussir. Je vous ai déjà même croqué plus d'une fois, sans que vous vous en soyez douté, au cours de mes illustrations. » Quelques jours après l'abbé Monteuuis revenait à Saint-Omer et posait devant son jeune ami. La première esquisse terminée : « C'est bien l'abbé, lui dit le peintre dans son style tout de bonhomie et de gaîté, mais surtout n'allez pas me faire la farce de mourir avant d'avoir posé une seconde fois. » Ces mots firent la plus vive impression sur le vieux doyen. « Ses traits se contractèrent, racontait Alphonse de Neuville à sa mère, et, malgré tous mes efforts et toutes mes plaisanteries, je ne parvins pas à effacer cette fâcheuse impression. J'avais frappé trop juste. Que n'ai-je deviné que le bon abbé se sentait si malade ! »

De retour dans sa bonne ville de Guînes, l'abbé Monteuuis ne changea rien à sa vie ordinaire, il se dépensa avec le même zèle. Aux observations et aux prières de ceux qui lui conseillaient de se ménager, il répondait simplement. « Oh non ! ce n'est encore le temps de me reposer, il me faut au contraire profiter des derniers jours que Dieu m'accorde pour assurer mon salut et mon repos éternel. » — « Faisons le bien, méritons pendant que nous en avons l'occasion, se répétait-il à lui-même, bientôt vien-

dra la nuit, pendant laquelle nous ne pourrons
ni travailler pour Dieu, ni mériter pour nous. »

L'abbé Monteuuis avait trop recommandé à
ses fidèles la dévotion envers la Très Sainte
Vierge, et à ses malades l'abandon filial à cette
bonne Mère du ciel, pour ne pas sentir lui-même,
aux approches de la mort, un redoublement de
foi et d'amour en la Vierge bénie qu'il avait
toujours aimée et fait aimer autour de lui.
Confiant à la Vierge clémente la grande affaire
de son salut, il la conjura d'épargner à son
âme les angoisses de la dernière heure et de
lui donner accès auprès de son divin Fils. Ces
sentiments de son cœur se révélaient dans sa
conduite. « Son culte pour la Sainte Vierge
était devenu plus tendre et plus familier, nous
disait l'abbé Meunier qui partagea ses derniers
travaux. Chaque fois qu'il traversait son église,
il s'arrêtait avec une prédilection marquée devant le petit sanctuaire qu'il avait élevé à Notre-
Dame de Lourdes. Sa prière se poursuivait en
tous temps et en tous lieux, et son chapelet ne
le quittait plus. » Cette ferveur avait encore re-
doublé à l'occasion du mois de Marie.

La Vierge, si pieusement invoquée par le lé-
vite, si magnifiquement glorifiée par le prêtre, si
fréquemment célébrée par le poète, répondit par
ses grâces à la confiance de son fidèle serviteur.
Il ne connut pas les angoisses de la mort, et il
eut cependant le bonheur de recevoir les secours
de la Religion que son zèle avait tant de fois pro-
curés aux mourants. Le vendredi 14 mai, le bon
doyen avait fait le catéchisme aux enfants qui se
préparaient à la Première Communion, ne se
doutant pas qu'il disait un suprême adieu à ces
privilégiés de son cœur, et le soir il avait reçu
la visite de son confesseur. Le Dieu de charité
avait octroyé un dernier pardon au ministre de
tant de pardons et de réhabilitations.

Le lendemain, samedi 15 mai, l'abbé Monteuuis s'occupait à quelque pieuse lecture dans
son cabinet de travail lorsqu'il poussa un grand
cri. La servante trouva son maître à genoux, les
mains jointes et la tête doucement inclinée sur
la table dans l'attitude de la prière. Déjà son
âme était près de Dieu qu'il semblait invoquer
encore ; ses traits étaient altérés et son corps
sans mouvement et sans vie.

La servante fit de suite appeler le vicaire qui accourut en toute hâte. Les voisins soupçonnèrent aussitôt le triste événement, et, lorsque l'abbé Meunier reparut sur le seuil pour annoncer la fatale nouvelle, plus de quatre cents personnes étaient déjà groupées devant le presbytère, sur la place des Tilleuls. « M. Monteuuis est mort ! » dit-il simplement, et la foule entière éclata en sanglots.

La stupeur ne fut pas moindre dans les autres quartiers de la ville. On se refusait à croire à la triste nouvelle, tant on était habitué à voir passer le bon doyen plein de vie et souriant à tous. Quand on n'a pas connu l'abbé Monteuuis au milieu de son peuple, quand on n'a pas vu l'affection qu'il inspirait, il n'est pas possible de se représenter l'émotion produite à Guînes par sa mort. Chacun versait des larmes comme s'il avait perdu l'un des siens. « Nous étions tous de sa famille, disaient-ils ; pour la plupart nous n'avions pas connu d'autre curé et nous n'avions pas sur terre d'ami plus dévoué. Sa mort est un deuil pour la paroisse entière. »

La ville de Guînes fut fidèle à son doyen,

plus encore dans le deuil des funérailles que dans la joie du récent jubilé.

Elle eut pour interprète de sa douleur un de ses illustres citoyens M. le chanoine Jonas, grand-doyen de la cathédrale de Boulogne, qui retraça la carrière si remplie du prêtre que lui-même avait eu pour professeur. Dans un tableau plein de vie, l'orateur montra l'action et les œuvres de ce long et fécond ministère. Ses auditeurs pouvaient tous ajouter quelque développement au panégyrique du vieux curé en faisant le récit des bienfaits dont chacun avait été le témoin et avait gardé le secret. L'abbé Jonas le comprenait. Il songeait moins à faire connaître l'abbé Monteuuis qu'à donner une voix aux souvenirs de ses auditeurs. Aussi rompant tout à coup avec l'exposé de la vie et s'échappant pour ainsi dire à lui-même : « Ah ! mes frères, s'écria-t-il, c'est à vos souvenirs que j'en appelle. N'a-t-il pas été pendant quarante-deux ans au milieu de vous, l'homme de Dieu, l'homme du devoir, l'homme du dévouement, l'homme de la charité, l'homme de toutes les bonnes œuvres ? N'avez-vous pas été les heureux témoins de ses travaux, de ses fatigues, de ses veilles, de ses courses pour le bien de vos âmes ? N'a-t-il pas été pour vous le bon pasteur ? Ne s'est-il pas fait tout à tous pour vous gagner à Jésus-Christ ? Ne mettait-il pas sa joie et son bonheur à remplir les fonctions du ministère paroissial, les plus humbles, les plus modestes, aussi bien que les plus sublimes ? Ah ! vous le savez, volontiers il bénissait vos enfants à leur entrée dans la vie pour en faire, par le saint baptême, des enfants de Dieu et de l'Eglise. Volontiers il les initiait aux premiers éléments de la doctrine chrétienne pour préparer leur âme et disposer leurs jeunes cœurs au plus grand acte de la vie chrétienne, et, la veille de sa mort, ne remplissait-il pas encore ce sublime ministère ? Avec quel zèle et quelle constance ne s'est-il pas acquitté, jusqu'à la fin de sa vie, du difficile ministère de la prédication ?

» Associé à toutes vos joies, vous le savez bien, il n'est jamais resté étranger à aucune de vos tristesses. Il vous portait tous dans son cœur. Toujours il s'est montré l'ami et le bienfaiteur des pauvres, qu'il se plaisait à regarder comme les meilleurs amis de son Dieu. O vous les déshérités de la fortune, vous connaissiez bien le chemin de sa demeure, et que de fois vous avez frappé à sa porte ! Dites-le-moi, avez-vous jamais en vain fait appel à son inépuisable charité ? Ah ! il connaissait bien aussi le chemin de vos chaumières, et que de fois il en a franchi le seuil pour y porter, avec son aumône, les ineffables consolations de son ministère.

» Comme son divin Maître, il avait une prédilection particulière pour la jeunesse. Oh ! comme il aimait vos enfants ! Avec quelle paternelle bonté il les accueillait, les caressait et les bénissait !

» Ami des pauvres, ami de la jeunesse, il était aussi l'ami et le conseiller des riches, et il usait volontiers de l'influence que lui donnaient sa position, son savoir, ses relations sociales, pour solliciter des faveurs, non pour lui, mais pour ceux qui réclamaient sa haute protection. Obliger était un besoin pour son cœur compatissant et dévoué. Il était accessible et bienveillant pour tous, et son bonheur était de faire des heureux. C'est ainsi que le bon pasteur, que le bon et vénéré doyen passait en faisant le bien. « *Pertransiit benefaciendo.* »

La foule qui n'avait pas trouvé place dans
l'église devenue trop étroite, s'était massée sur
le parcours à travers les rues qui formaient
comme une longue avenue funèbre. Un mot
d'ordre semblait avoir été donné : toutes les maisons étaient fermées, et les portes ornées de
tentures noires.

Des saltimbanques, qui étaient installés sur la
grand'place, avaient cru devoir prendre leur part
du deuil public. Depuis la mort du doyen ils
n'avaient donné aucune représentation et au
jour des funérailles ils couvrirent leurs voitures
de tentures funèbres. « C'est le moins que nous
puissions faire pour le doyen de Guînes,
disaient-ils simplement, car chaque fois que
nous passions ici, il venait nous visiter, s'infor-
mait de nos enfants, de nos affaires, et nous
témoignait le plus affectueux intérêt. » Humble,
mais sincère hommage rendu à celui qui s'était
toujours montré si bon pour tous les malheureux !

Au cimetière, M. Gody, conseiller général et
maire de Guînes, traduisit dans un langage
très élevé et délicat, les sentiments de tous les

Guînois, et proclama une dernière fois les vertus et les œuvres qui avaient valu à l'abbé
Monteuuis l'estime et la reconnaissance univer-
selles.

Si les fonctions publiques réservent à ceux qui les
remplissent des heures de satisfaction et de joie, lorsque
quelque bien a été fait, une œuvre utile réalisée, un devoir accompli, elles imposent aussi parfois, comme aujourd'hui, de douloureuses obligations, de pénibles
sacrifices : ainsi, devant ce cercueil qui renferme la
dépouille mortelle de notre cher et vénéré Doyen,
l'homme privé, l'ami, le parent eût voulu se recueillir
et renfermer au plus profond de son cœur les sentiments qui l'oppressent. Mais il est un devoir, doux et
cruel à la fois, qui s'impose à lui et il doit à la ville de
Guînes, il doit au prêtre éminent lui-même que nous
pleurons d'exprimer, en ce moment suprême, les sentiments de reconnaissance et les regrets de cette population si bonne, qui aime tant ceux qui l'aiment et que la
mort de M. Monteuuis a si profondément émue. Ce
sera peut-être d'ailleurs, je veux l'espérer, une sorte de
consolation pour nous que de parler de celui que nous
avons perdu et de rappeler les services si précieux qu'il
a rendus, le bien qu'il a fait, ses mérites, ses vertus et
sa vie si belle, si utile et si dévouée.

Il est, Messieurs, on n'en saurait douter, des natures prédestinées, des vocations irrésistibles, des hommes marqués d'un sceau par le Créateur de toutes choses pour un but que rien ne saurait les empêcher de poursuivre et d'atteindre ; heureuses natures qui, après quelques hésitations, peut-être, au début, marchent fermes et résolues devant elles dès qu'elles ont reconnu leur voie ; que rien ne détourne, ne retarde, n'arrête et qui accomplissent imperturbablement les desseins pour lesquels elles ont été créées. M. Monteuuis fut une de ces natures privilégiées. Fils d'un père qui avait, avec passion, on peut le dire, consacré sa vie à l'instruction de la jeunesse, il s'était tout jeune encore senti poussé vers ces enfants qu'il a toujours tant aimés, et, il n'est personne qui ne se le rappelle avec attendrissement, qu'il était si heureux de couvrir de caresses quand ils accouraient à lui tout joyeux, et, comme une grappe vivante, se suspendaient à sa soutane. Sa première pensée fut donc de se consacrer à eux. Cette tâche devait lui plaire à lui l'homme doux, bon, aimant par excellence, de prendre ces jeunes âmes si pures, et, en les entourant d'une sollicitude tendre et éclairée et avec des soins presque maternels, de les initier peu à peu à la connaissance, à l'amour de Dieu et du bien en même temps qu'à la science humaine.

Il ouvrit donc une école, et c'est à Guînes qu'il vint l'ouvrir, dans cette ville où devait s'accomplir la destinée que lui avait préparée la volonté divine et qui devint sa patrie d'adoption. Mais de quelques soins, de quelque sollicitude qu'il entourât ses chers élèves, le besoin de charité, d'amour, de dévouement qui dévorait son âme ardente n'était pas assouvi et la voie où il était entré ne lui paraissait point encore assez large.

Que de doutes et d'incertitudes, à ce moment de sa vie, dans ces heures de méditations qu'il allait demander à la solitude et au silence de la forêt ! Là, loin du bruit de la ville et de toute distraction, recueilli profondément au milieu de cette nature qui le révèle, il se sentait plus près de Dieu, il l'interrogeait, il s'interrogeait lui-même, et, un jour, il se levait tout à coup, calme, apaisé ; sa voie venait d'apparaître illuminée devant lui et il s'y engageait avec résolution : il serait prêtre et il trouverait ainsi à satisfaire cet immense besoin de charité et de dévouement qui le possédait ; il pourrait ainsi ouvrir et répandre les trésors inépuisables de bonté et d'amour du prochain qu'il sentait dans son cœur.

Je n'ai pas à dire, cela a été fait par une voix plus éloquente et plus autorisée que la mienne, quelle fut sa carrière sacerdotale, ni les légitimes succès de toute nature qu'il y rencontra pour le bien et pour la gloire de la religion. La religion, comment, d'ailleurs, ne l'aurait-il pas fait aimer ? Dans la chaire aussi bien que dans les relations privées il en parlait avec une onction si douce, si persuasive et si convaincue qu'il n'était personne qui ne subît le charme de sa parole. Il avait, au suprême degré, l'éloquence du cœur et sa nature de prêtre, de missionnaire et, disons-le, de poète, qui lui faisait trouver des tours ingénieux, des mouvements oratoires et des rapprochements inattendus, lui procurait des ressources inépuisables et le servait admirablement pour exprimer et rendre plus pénétrante sa pensée dans un langage pur, châtié et toujours élevé. Aussi l'entendre était-il une fête pour le cœur et pour l'esprit même le plus délicat.

Vicaire à Notre-Dame de Saint-Omer, il avait noué dans cette ville, en peu de temps, les amitiés les plus précieuses et il s'était attiré l'amour de toute la population ; aussi, le jour où il fut nommé à la cure de Guînes fut-il presque un jour de deuil public, et l'on se rappelle tous les témoignages d'affection et de regrets qui lui furent donnés et l'accompagnèrent ici. Pour lui, il allait où Dieu le conduisait, là où il avait à remplir et où il a rempli sa sainte mission, refusant les postes plus élevés où l'appelaient le mérite le plus éminent, de hautes et rares facultés, et voulant, ce sera notre juste orgueil, vivre et mourir au milieu de nous.

Et maintenant ai-je à vous dire, Messieurs, quelle a été la vie de M. Monteuuis à Guînes ? Est-ce à vous qui l'avez tous connu et tant aimé que j'ai besoin de rappeler ce visage toujours souriant, cette nature si simple, si bonne et si charmante à la fois, ce cœur d'or qui renfermait d'inépuisables trésors de bienveillance, de charité et de dévouement ? Est-ce devant cette population qui se presse ici tout entière pour lui rendre les derniers devoirs, qu'il guidait depuis le berceau jusqu'à la tombe, qu'il enseignait par la parole et par l'exemple, aux joies, aux douleurs, à la vie de laquelle il n'a cessé d'être mêlé depuis plus de quarante ans, que j'ai besoin de montrer cette âme si pure, si belle, qui semblait planer toujours dans ces régions sereines où viennent s'éteindre et expirer tous les bruits de la terre et où sont à tout jamais ignorées les haines, la colère, les divisions, ces misères de la vie humaine ? Oh! non! Vous savez tous comme moi ce que valait l'homme, ce que valait le prêtre ; vous savez tous, comme moi, qu'il n'avait pas de plus grand bonheur, de plus grande joie que le bonheur et la joie d'autrui; qu'il ne possédait rien qui ne fût à tous, que jamais homme n'a pratiqué plus généreusement l'oubli de soi-même et ne fut plus détaché des biens de la terre et qu'il pouvait dire, comme son divin Maître, que son royaume n'était pas de ce monde. Tous nous aimions à le voir, à le sentir près de nous, parce qu'il avait toujours des consolations pour toutes les douleurs, des encouragements pour toutes les défaillances, de douces et bonnes paroles pour tous.

Hélas! il y a un an à peine, à l'occasion de son Jubilé de prêtre, ses paroissiens lui offraient une fête qui toucha vivement son cœur et qui resserra encore les liens qui l'unissaient à nous, jamais il n'avait été aussi heureux ; c'était la récompense bien méritée de qua-

rante années de sacerdoce parmi nous. Monseigneur
l'évêque d'Arras, dans ce langage si touchant que son
cœur sait trouver, avait exprimé le vœu de voir, dans
quelques années, M. Monteuuis faire son jubilé de
doyen : ce vœu avait soulevé d'unanimes applaudissements : il ne devait pas être exaucé.

M. Monteuuis était un de ces hommes qui poussent
l'accomplissement du devoir jusqu'au sacrifice de la
vie, et, sa vie, il était toujours prêt, comme le bon Pasteur, à la donner pour ses ouailles.

Aussi quand, depuis quelques mois, sa santé grave-
ment ébranlée lui conseillait, lui imposait même un
repos qu'il pouvait prendre assurément, secondé comme
on sait qu'il l'était, sans craindre de voir compromis
les intérêts si chers qui lui étaient confiés, son zèle
l'emportait, et, comme le soldat, il est mort, lui soldat
aussi, sur le champ de bataille.

La ville de Guînes a fait aujourd'hui une grande, une
irréparable perte, et il n'est pas une famille qui ne croie
avoir perdu l'un des siens. Mais pour nous, cependant,
nous ne l'avons pas entièrement perdu, car il nous
laisse le souvenir impérissable du bien qu'il a fait, des
vertus qu'il a pratiquées, des trésors de bonté, de charité qu'il a répandus avec usure. Et pour vous, vous
n'êtes pas mort non plus véritablement, ô notre cher
doyen ! car cette vie fugitive et mortelle n'était pour
vous qu'une préparation à une vie supérieure, plus
glorieuse, et, comme l'insecte, vous avez brisé et aban-

donné votre dépouille terrestre pour renaître à la vie éternelle.

Et maintenant, que vous êtes auprès de ce Dieu auquel votre âme n'a jamais cessé d'aspirer, vous continuerez de nous aimer, de veiller, comme vous le faisiez sur la terre, sur nous qui aimions à nous considérer comme vos enfants ; vous le prierez de nous accorder la paix des cœurs, l'union, la concorde, comme tant de fois vous l'avez fait au pied des autels ; vous le prierez, enfin, de répandre ses bénédictions sur cette ville que vous avez tant aimée et qui vous aimait tant aussi.

Lorsque la foule se fut écoulée, le cimetière fut envahi par plus de trois cents enfants qui se pressèrent autour de la tombe encore entr'ouverte. Songeant au bon père qu'ils ne verraient plus, ils restèrent là durant un quart d'heure muets et immobiles. Leur silence était plus éloquent que tous les discours.

Sur le monument du curé de Guînes furent gravées ces simples paroles que les années ne devaient pas démentir « Le souvenir du juste est immortel ; *In memoria æterna erit justus !* » Le monument fut érigé aux frais de la ville de

Guînes. La page où est transcrite la délibération
du conseil municipal est à la fois à l'éloge de la
municipalité et du défunt.

« L'an mil huit cent soixante-seize, le seize
mai, sur la proposition de M. le Maire, le conseil voulant perpétuer la mémoire du digne et
vénéré M. Monteuuis, curé-doyen, dont la mort
a été un deuil public, et laisser un témoignage
de l'amour et de la reconnaissance de la ville
de Guînes pour les services éminents qu'il a
rendus pendant quarante-deux années dans
cette paroisse, délibère :

Il a été concédé à perpétuité et à titre gratuit
dans le cimetière de la ville de Guînes un terrain pour la sépulture de M. l'abbé Monteuuis,
curé-doyen de la paroisse depuis 42 ans. Un
crédit de mille francs sur les ressources ordi-
naires sera affecté à la construction d'un caveau
et à l'exécution d'un monument. »

Les regrets causés par la mort du doyen de
Guînes s'étaient répandus bien au delà des
limites de la paroisse. On en trouve l'expression
dans la lettre que l'évêque d'Arras adressait au
clergé du décanat : « Je devine et je comprends

la désolation que cause dans la ville de Guînes
la perte soudaine d'un pasteur tant aimé, écrivait Sa Grandeur Mgr Lequette dont l'âme
aimante était si bien faite pour comprendre celle
de l'abbé Monteuuis. Il y a un an à peine, lors
des fêtes du jubilé, j'étais témoin de la joie
universelle. Cette joie, dont j'étais alors si touché, me donne la mesure de votre douleur et de
vos regrets à tous. Quoique inopinée, la mort a
trouvé l'abbé Monteuuis dans des dispositions
qui donnent pleine confiance que Dieu l'a reçu
dans sa miséricorde. Il est mort au lendemain du
temps pascal, pendant lequel, malgré ses souffrances et son âge avancé, il s'était dévoué sans
réserve aux besoins spirituels de son troupeau.
L'aimable charité, qui a été le caractère distinctif
de sa vie sacerdotale, aura été pour lui un titre
puissant auprès de Dieu qui est tout charité. »

Les suffrages des paroissiens, et l'autorité de
l'évêque, la voix du peuple et la voix de Dieu
proclamaient ainsi les œuvres et les mérites du
bon doyen de Guînes.

Le regard rapide jeté sur son âme aidera les

lecteurs à mieux comprendre les pages qui vont suivre et qui, dans la pensée d'un prêtre voué tout entier au bien des âmes, ont été un moyen de plus pour édifier et élever, car, prier, agir, se donner, écrire et chanter ont été pour l'abbé Monteuuis autant de moyens de servir Dieu, de se sanctifier, de faire du bien. « *Pertransiit benefaciendo.* »

# POÉSIES

DE

## L'ABBÉ ISIDORE MONTEUUIS

Comme mon divin Maître, aimant la tendre enfance,.
Je veux lui consacrer aujourd'hui mes accents.
Ah! puisse le bonheur de ces cœurs innocents
De mes humbles travaux être la récompense!

I. M.

LIVRE PREMIER

# LA PRIÈRE

[illegible]
[illegible]
[illegible]
[illegible]
[illegible]
[illegible]
[illegible]
[illegible]
[illegible]
[illegible]
[illegible]

[illegible]

LA PRIÈRE DE L'ENFANT

# LA PRIÈRE DE L'ENFANT



Sur les ailes de l'espérance,
La Prière s'élève aux pieds du Roi des rois.
L'amour, le repentir et la reconnaissance
Respirent dans ses traits et parlent par sa voix.
De notre pauvre cœur dépeignant la détresse,
Et connaissant de Dieu le pouvoir, la tendresse,
Confiante, elle attend à l'ombre de la croix.
Dieu touché lui remet la clef mystérieuse
Qui doit ouvrir à tous le céleste trésor ;
Elle y puise, elle y puise encor,
Et redescend vers nous riche, brillante, heureuse,
Le front illuminé d'une auréole d'or.

---

## HYMNE DU MATIN

*Paratum cor meum Deus..., cantabo.*
*Exsurge, psalterium et cithara. — Exsur-*
*gam diluculo et psalmum dicam tibi.*
(Ps. LVI.)

Pour célébrer le Dieu que révère ma foi,
J'ai fui ma couche au lever de l'aurore,
O ma lyre, réveille-toi !...
Pour célébrer le Dieu que révère ma foi,
Mon cœur est prêt, je veux chanter encore.
O ma lyre, réveille-toi !...


A tes genoux, prosterné dès l'aurore,
O Dieu Sauveur, humblement je t'adore,
Et tout mon être, élevé par la foi,
Monte vers toi.


Pour te louer s'éveille la nature,
Et moi Seigneur, moi, pauvre créature,
J'unis ma voix au grand concert des cieux ;
Entends mes vœux.


Bénis mon père, et ma mère chérie,
A qui je dois le bonheur et la vie ;
Accorde-leur de t'aimer chaque jour
Du même amour.

Du haut du ciel souris à ceux que j'aime ;
De leur bonheur je suis heureux moi-même,
Et je gémis quand ils sont malheureux.
   Veille sur eux.

Ta loi me dit que tout homme est mon frère ;
Sur le pécheur jette un regard de père,
Nourris le pauvre et sois le conducteur
   Du voyageur.

Frêle arbrisseau, je crains pour ma jeunesse ;
Viens, ô Dieu fort, protéger ma faiblesse ;
Et, dans l'orage, accorde-moi toujours
   Un prompt secours.

Fais que mon âme, à tes yeux toujours belle,
A la vertu pour toi reste fidèle,
Et que mon cœur, en tout temps, en tout lieu,
   Reste à son Dieu.

Ton beau soleil, traversant notre monde,
Reste sans tache et n'y prend rien d'immonde ;
Moi, je voudrais y passer aujourd'hui
   Pur comme lui.

Si le malheur doit peser sur ma tête,
Qu'en moi, grand Dieu, ta volonté soit faite !

N'avons-nous point vu gémir sur la croix,
Le Roi des rois ?

En toi, Seigneur, j'ai mis ma confiance,
Je trouve en toi le Dieu de l'espérance ;
En s'appuyant sur ton bras paternel,
On vole au ciel.

Je veux, Seigneur, commencer par l'aumône
Ce nouveau jour que ta bonté me donne :
Je porterai des habits et du pain
A l'orphelin.

Pauvre petit ! sur la dure il sommeille ;
Nul être ami n'est là quand il s'éveille ;
Il souffre, il pleure… Hélas ! pour l'apaiser
Pas un baiser !

J'irai… Je veux adoucir sa misère,
Et lui sourire, et l'appeler mon frère ;
Je veux moi-même, en calmant ses douleurs,
Sécher ses pleurs.

O mon bon ange, à ta voix fraternelle
Je suis debout ! étends sur moi ton aile,
Guide mes pas et prête-moi la main
Dans le chemin.

## HYMNE DU SOIR

> *Apud me oratio Deo vitæ meæ. Jucundum ei eloquium meum. In pace dormiam et requiescam.*
>
> (Ps. XLI.)

Ma dernière pensée est au Dieu de ma vie.
Puissent mes chants du soir monter jusqu'à son cœur,
Et je m'endormirai l'âme heureuse et ravie :
Le repos est si doux sous l'aile du Seigneur !


De ce monde importun, qui s'agite et murmure,
Expire, avec le jour, la confuse rumeur ;
La Paix, le front voilé, descend sur la nature.
   O douce Paix, viens dans mon cœur.
    Mes passions, silence !
    Taisez-vous, en présence
    Du Dieu de majesté !
    Parais, Esprit de flamme,
    Et répands dans mon âme
    Ta divine clarté.


A ton être infini, Seigneur, tout rend hommage :
Le cèdre du Liban, l'arbuste du vallon,
Le lion du désert et l'oiseau du bocage
   Célèbrent à l'envi ton nom.
    Exilé sur la terre,

J'ose unir ma prière
A leur puissante voix,
Et, comme la nature,
Humblement je murmure :
« Gloire à toi ! gloire à toi ! »

Du limon le plus vil j'ai vu germer la rose,
J'ai vu le papillon renaître du tombeau,
Et la timide fleur, que la nuit avait close,
Se rouvrir au soleil nouveau.
Puisque la créature,
Comme une énigme obscure,
S'offre partout à moi,
Dieu saint, Dieu de mes pères,
J'adore tes mystères,
Seigneur, je crois en toi.

J'ai vu l'oiseau naissant appeler sa pâture,
Et l'arbuste altéré s'incliner pour mourir,
Et le pauvre sans pain chercher sa nourriture,
Et j'ai vu Dieu les secourir.
Tout être, sur la terre,
Sent l'appui salutaire
De son souverain Roi ;
Et moi, j'attends sa grâce,
Puis, au ciel une place ;
Seigneur, j'espère en toi.

Sur un char de rubis j'ai vu briller l'aurore;
J'ai vu l'émail des prés, l'argent pur des ruisseaux,
L'écharpe aux sept couleurs dont le ciel se décore,
    Et le soleil dorant les flots.
        Mais rien n'est comparable
        A cet être ineffable
        Que révère ma foi.
        Sainte beauté, je t'aime;
        Jusqu'à l'heure suprême,
        Je n'aimerai que toi.


Dieu bienfaisant, c'est toi qui m'as donné la vie,
Et tes yeux et ton cœur veillent pour me bénir.
J'étais exclu du ciel!... O tendresse infinie!
    Pour me sauver, tu sus mourir!
        Qu'oserai-je te rendre
        Pour un amour si tendre?
        J'accomplirai ta loi,
        O Dieu! ton cœur m'appelle:
        Mon cœur toujours fidèle,
        N'appartiendra qu'à toi.


Les moments précieux que dispense la grâce
S'écoulent sans retour, comme l'eau du torrent;
Mon âme, souviens-toi que c'est du temps qui passe
    Que ton éternité dépend.
        Reviens sur la journée

Que le Ciel t'a donnée :
Jour propice ou fatal !...
Sonde ta conscience,
Et prévois la sentence
De ce saint tribunal.


Je suis l'enfant ingrat qui revient vers son père.
Demain, si le soleil se lève encor pour moi,
Puissé-je voir enfin s'enrichir ma carrière
D'œuvres moins indignes de toi !
Si ma vie inutile,
Comme un figuier stérile,
Attriste, hélas ! tes yeux,
Qu'aux rayons de ta flamme,
Désormais ma jeune âme
Porte des fruits heureux !


Si tu dois juger l'homme au poids de ta justice,
Je suis perdu, Seigneur ! j'ai péché devant toi.
Mon péché m'apparaît dans toute sa malice :
Je l'entends crier contre moi.
O Dieu clément, de grâce !
Ne détourne ta face
D'un cœur humble et contrit.
Dissipe mes alarmes ;
Je t'offre avec mes larmes
Le sang de Jésus-Christ.

Ami des malheureux, fais que l'homme qui peine
Après ses longs travaux rencontre un doux sommeil ;
Pour le pauvre captif, endormi sur sa chaîne,
    Eloigne l'instant du réveil.
        Qu'une âme bienfaisante
        Chaque soir se présente
        Où gémit la douleur ;
        Que ton astre propice
        Sauve du précipice
        Les pas du voyageur !

Pour mes parents surtout, ô mon Dieu, je t'implore.
Comme un songe d'Eden que leur sommeil soit pur !
Que sur eux le bonheur descende avec l'aurore !
    Que leur ciel soit toujours d'azur !
        Que tes biens récompensent
        Les cœurs qui se dépensent
        A me rendre pieux.
        Ce travail salutaire
        Fait leur bonheur sur terre ;
        Qu'il leur ouvre les cieux !

Ange de Dieu, souris à ma prière
Et prends ton vol pour la porter aux cieux :
Puis tu viendras poser sur ma paupière
    Ton doigt saint et mystérieux.

## DERNIÈRE PENSÉE D'UN MOURANT

Dans ton sein maternel je demande un refuge ;
Ne me rejette pas, ô Mère de douleur ;
Je compte avec les morts, et du souverain Juge
Le redoutable arrêt me remplit de terreur.
O Vierge tant aimée au jour de mon enfance,
Plus tard j'ai refusé la main que tu m'offrais ;
Mais, même en s'éloignant de ta sainte présence,
Mère, l'enfant ingrat ne t'oublia jamais !

# LIVRE DEUXIÈME

# LA CHARITÉ

# UNE VISITE CHEZ LES PAUVRES

> *Beatus qui intelligit super egenum*
> *et pauperem. In die malâ liberabit*
> *eum Dominus.*
>
> (Ps. xl.)
>
> *Frange esurientibus panem tuum,*
> *et cum lugentibus ambula.*
>
> (Is., lviii; Eccl., vii.)

« Heureux, dit l'Esprit-Saint, heureux l'homme sensible,
Qui, des infortunés comprenant les douleurs,
Parsème de bienfaits leur carrière pénible,
Donne aux pauvres son pain, aux affligés ses pleurs.
Quand il inclinera sous les coups de l'orage,
Quand le vent du malheur viendra fondre sur lui,
Le Seigneur sauvera son esquif du naufrage ;
De l'homme charitable il est toujours l'appui. »
Tel est, mon cher Edouard, (1) la morale touchante

(1) Cette poésie était dédiée à M. Edouard de Neuville, banquier
à Saint-Omer, ami du jeune vicaire.

Que Dieu, par son prophète, adresse à tout chrétien.
De ce Dieu de bonté sois l'image vivante,
Ici-bas, comme Lui, passe en faisant le bien.


Mon fils, le rude hiver désole nos contrées.
Entouré de brouillards, sous un ciel terne et gris,
De ses flèches de glace aux pointes acérées,
Il harcèle partout nos corps endoloris.
Tyran cruel et sombre, à travers son empire
Il fait rage, et tout souffre, hélas! et tout expire,
Et sur la terre morte il étend un linceul.
Comme un gémissement l'aquilon siffle seul.
L'œil plonge consterné sur l'étendue aride :
Plus une feuille à l'arbre, au bois plus un oiseau ;
Dans nos vallons glacés, plus un bruit de ruisseau ;
Partout silence et deuil ! Comme une ombre rapide,
Passe le voyageur caché sous son manteau.


Et cependant, le riche, en ses belles demeures,
Comme aux jours du printemps, coule toutes ses heures
De plaisirs en plaisirs sans cesse renaissants.
Dans sa serre, à grands frais, hâtivement écloses,
Les plus brillantes fleurs, les plus suaves roses,
Sur des urnes d'émail exhalent leur encens ;
Le myrte et l'oranger, aux élégants feuillages,
Reposent doucement ses regards éblouis ;
Sur le lin, enchâssé dans ses pompeux lambris,

L'art a créé pour lui de riants paysages,
Et des oiseaux captifs échangent leurs ramages
Contre l'onde et le grain versés dans leurs treillis.
Mollement appuyé sur l'étoffe soyeuse,
Dont l'ouate flexible assouplit les contours,
Il tend à ses valets une coupe joyeuse,
Et le plus pur nectar y pétille toujours.
De son large foyer, où le hêtre en feu brille,
Jaillit incessamment une douce chaleur;
Aux candélabres d'or la flamme qui scintille
Projette sur son front un rayon de bonheur.

Et l'indigent ?... L'hiver est son temps de souffrance.
Pour lui, point de festins, point de brillants plaisirs;
Pour lui, le poids du jour, le mal sans espérance,
Pour lui, le froid, la faim, les larmes, les soupirs.
Oui, partout le malheur, comme un sombre Protée,
Aux pauvres apparaît sous mille aspects divers,
Et pour ces fils d'Adam, race déshéritée,
L'arbre de vie, hélas ! n'a que des fruits amers.
Ne les oublions pas : dans leur détresse extrême,
Allons les visiter et pleurer avec eux :
Il vaut mieux s'arrêter, nous a dit Dieu lui-même,
A la maison du deuil qu'au palais des heureux.

Mon fils, vois-tu là-bas, au fond de sa chaumine,
Ce pauvre et bon vieillard dont la tête s'incline,

Sous le double fardeau de l'âge et du malheur,
Gisant sur un grabat humide et sans chaleur !
Il demande en pleurant à la Bonté divine
Qu'elle termine enfin sa vie et sa douleur.
J'ai connu ce vieillard... Sur sa tête blanchie
Les combats ont jadis placé plus d'un laurier :
Son cœur battait d'orgueil au nom de la Patrie,
Au souvenir ému de quelque exploit guerrier ;
A la France il n'a point ménagé ses services,
Et son corps, sillonné de nobles cicatrices,
Montre qu'il a toujours bien aimé le drapeau.
Pourtant dans la misère il va bientôt s'éteindre ;
Personne pour l'aimer, personne pour le plaindre,
Personne pour orner son modeste tombeau !
— Sous le chétif abri de cette autre masure,
Pleure une veuve en deuil, dont les petits enfants
Tendent leur main tremblante et rouge de froidure,
Pour recevoir peut-être un refus des passants.
Dans ce groupe indigent est une jeune fille
Innocente, naïve et belle de candeur,
Et le crime la guette et déjà son or brille,
Et la faim quelquefois conduit au déshonneur...
— Plus loin c'est l'orphelin, doux passereau sans mère,
Qui, sur la terre, hélas ! délaissé, solitaire,
Aux granges d'alentour ne peut trouver un nid,
Qui, dans l'air vainement jette sa plainte amère,
Qui, pour chercher son grain, est encor trop petit.
— Dans ce long corridor, toujours humide et sombre,

Regarde l'escalier bien raide et bien étroit ;
C'est ici, je le sens... Il faut marcher dans l'ombre,
Atteindre la spirale et monter jusqu'au toit.
Dans ce grenier, battu par les vents et l'orage,
Est un père mourant au midi de son âge.
Un long mal, de son être a miné les ressorts,
Et son bras sans vigueur, trahissant son courage,
Se refuse au travail et trahit ses efforts.
Qu'elle pèse à son cœur cette vie inactive !
Dans un désespoir sombre il presse sur son sein
Ses malheureux enfants qui, d'une voix plaintive,
Les yeux baignés de pleurs, lui demandent du pain.
— Mais des pauvres honteux ne passons point l'asile.
Regarde à la lueur du flambeau qui vacille,
Ces ornements flétris et ces rideaux fanés,
Et ces antiques fleurs s'inclinant dans l'albâtre,
Et ces écrans usés qui masquent le vieil âtre,
D'un luxe qui n'est plus, souvenirs surannés !
C'est là, c'est là surtout que la vie est amère,
C'est là qu'ingénieux à cacher la misère,
Par un sourire feint, on voile sa douleur :
Si la joie est au front, le deuil est dans le cœur.
Sous la main du malheur la famille abattue,
Et par un noble orgueil chaque jour retenue,
N'ose aller mendier un pain avilissant.
Leur vie, à chaque instant, dépérit solitaire,
Comme l'humble flambeau qui luit en leur chaumière
S'affaiblit faute d'huile et s'en va pâlissant.

Ami, cours les sauver. Que ton cœur bienfaisant,
Par pitié ménageant toute délicatesse,
Dans l'offre de ses dons se montre ingénieux.
Sache, en les soulageant, dérober à leurs yeux
Ce que la sainte aumône ou l'utile largesse
Pour des cœurs élevés peut avoir de honteux.

Ainsi, mon cher ami, toute chair est souffrante,
Tout se plaint, tout gémit en ce vallon de pleurs :
Le malheur est réel et la joie apparente ;
Dans notre courte vie, ah ! combien de douleurs !
A ces scènes de deuil, ton œil s'emplit de larmes,
Mon fils, et sur ta main ton front tombe attristé.
Ah ! ne comprime point ces touchantes alarmes,
Dont ton cœur généreux me paraît agité !
Pleure, ne rougis point d'avoir un cœur sensible,
Du bon Samaritain revêts la charité,
Sois humain comme lui, laisse au Juif inflexible
Son homicide orgueil, sa froide cruauté.

Enfants du même Dieu, le pauvre est notre frère ;
Nous vivons sous les yeux de notre commun Père,
Qui nous embrasse tous dans un égal amour.
Au riche il a remis la force et l'opulence,
Pour protéger le faible et nourrir l'indigence,
Pour donner à chacun le pain de chaque jour.
Tel est l'ordre établi par la sainte sagesse :
Toute main pleine d'or au pauvre doit s'ouvrir.

O vous donc qui, toujours, bercés par la mollesse,
Goûtez, insoucieux, un long et doux loisir,
Sous vos toits parfumés des roses du plaisir,
Ah ! pensez, au milieu des ris de l'allégresse,
Que le pauvre Lazare, épuisé de détresse,
Au seuil de vos hôtels, se plaint et va mourir.
Au nom de la justice et du Dieu qui vous aime,
Au nom du malheureux qui vous devra ses jours,
Ah ! par pitié pour lui ! par pitié pour vous-même !
Vîte, riches, venez, volez à son secours.
Prenez garde ! En ce temps si vos cœurs sont de glace,
La rouille de vos biens clamera contre vous,
Et de vous le Seigneur détournera sa face,
Et sur vos fronts maudits pèsera son courroux.
L'aumône est un devoir... Ce n'est pas une grâce,
C'est un tribut qu'on doit à chaque infortuné.
Du Dieu de charité vous êtes mandataires ;
Vous rendrez compte un jour et du sang de vos frères,
Et de l'or que pour tous sa main vous a donné.
Par pitié ! par pitié !... formez donc une ligue,
Pour aider l'indigent, pour adoucir son sort ;
De vos trésors captifs, rompez, rompez la digue,
Faites couler la vie en la terre de mort.

Et toi, nouveau Joseph, à l'âme tendre et pure,
Ne repousse jamais le cri de la nature.
Sois bon, sois généreux... Dieu rend avec usure
Les trésors que l'on verse au sein de l'indigent.

L'aumône est un ruisseau qui croît quand il s'épanche,
Un arbre plus fécond sous le fer qui l'ébranche,
Un prêt mystérieux qui centuple l'argent.
— Sois bon, sois généreux... Un plaisir sans mélange,
Plaisir suave et pur, commé celui de l'ange,
Enivre le chrétien rempli de charité.
Il réchauffe le cœur comme une douce flamme,
Il prête un nouveau charme à la prospérité ;
Et, dans le temps du deuil, il console notre âme.
L'image des heureux que notre cœur a faits,
Comme un fidèle ami, ne nous quitte jamais.
Il est si beau, si doux de se dire à soi-même :
« J'ai du pauvre malade adouci le destin ;
» J'ai protégé la veuve et nourri l'orphelin ;
» J'ai fait un peu de bien au malheureux qui m'aime ! »
Oh ! quelle délicate et tendre émotion
Agite un cœur sensible en ces instants d'ivresse !
Quel doux frémissement, quelle sainte allégresse
Accompagne en notre âme une bonne action !
Vois-tu ces indigents, dans leur reconnaissance,
Se presser à tes pieds, embrasser tes genoux,
Te nommer leur bon ange et se montrer jaloux
De payer de leurs cœurs ta noble bienfaisance ?
Comme un riche parfum, s'envolant vers les cieux,
De leurs cœurs attendris la brûlante prière
Va dire tes bienfaits à notre divin Père,
Et ton nom dans le ciel deviendra glorieux.
L'Éternel applaudit !... L'ange de la justice

Laisse couler ses pleurs sur le livre fatal,
Où, pour le dernier jour, sa main accusatrice
Consigna tes péchés, lorsque tu fis le mal.
Il pleure avec délice, et tes fautes passées
Sont, par ces pleurs heureux, pour jamais effacées ;
Dieu lui-même à jamais en perd le souvenir.

Ainsi, mon cher ami, la sage Providence,
Pour porter les humains à s'entre-secourir,
Veut qu'ici-bas sa grâce et le plus doux plaisir
Commencent d'un bon cœur la sainte récompense.
Oh ! qu'ils sont malheureux ces hommes insensés,
Qui, pour des vanités prodiguant leur fortune,
Repoussent l'indigent et sa plainte importune !...
Dieu maudit les ingrats, les cœurs secs et glacés.
En vain ces riches durs, dans leur coupable ivresse,
Cherchent-ils le bonheur au sein de leurs trésors ;
Toujours un fiel caché corrompt leur allégresse ;
Comme un ver qui les ronge, un poids qui les oppresse,
L'ennui les suit partout sous de brillants dehors ;
Tout miel leur est amer, tout nectar est absinthe,
Le chant le plus joyeux leur semble un chant de plainte,
L'or ne peut émousser l'aiguillon du remords.
Dans le calme des nuits ce remords délétère,
Secouant sans pitié leur couche solitaire,
S'offre comme un fantôme à leurs yeux éperdus,
Et dit à chacun d'eux : « Qu'as-tu fait de ton frère ?
» Ton cœur l'a repoussé... Tu ne dormiras plus !... »

Et puis, surgit enfin une heure, heure fatale,
Où le riche, au milieu des faux biens qu'il étale,
Sur sa couche de mort s'étend avec douleur ;
Et sa richesse même ajoute à sa terreur :
Ses trésors sont pour lui des trésors de colère.
Que n'a-t-il entendu le cri de la misère !
Il maudit, mais trop tard, ses fêtes, ses repas ;
Il faut, il faut mourir !... Et son âme souillée,
De tout ce qu'elle aimait rudement dépouillée,
Se sèche de frayeur à l'aspect du trépas.
Qu'elle tremble en effet ! Bientôt cette âme impure
Est flétrie à jamais d'un effroyable sceau...
« Le mauvais riche est mort, dit la Sainte Écriture,
Et l'enfer l'engloutit : il sera son tombeau. »
En vain, du fond brûlant des éternels abîmes,
Où l'attache à jamais la chaîne de ses crimes,
Vers le Dieu de Lazare il élève la voix ;
Le Dieu du pauvre est sourd à ceux qui, sur la terre,
Ont été sourds au cri du pauvre en sa misère :
La vengeance sur eux tombe de tout son poids.
Malheur à l'homme dur !... Quant au mortel sensible
Que guida la bonté, dans sa course paisible,
Et dont le cœur fut toujours riche en charité,
S'inclinant vers la tombe avec sérénité,
Il ne voit dans la mort qu'une brillante aurore
D'un jour plus radieux, d'un jour plus doux encore ;
Et, plein de confiance, attend l'éternité...

Reposons nos regards sur sa paisible couche...
Oh ! que ses traits sont purs ! que son front est serein !
Quelle paix dans son cœur ! Un sourire divin,
En face de la mort, semble errer sur sa bouche.
On dirait qu'il jouit d'un ciel anticipé,
Qu'un doux rayon d'Éden luit dans sa conscience.
Des biens qu'il entrevoit saintement occupé,
Le voilà qui s'endort au sein de l'espérance.
Homme heureux ! ton espoir ne sera point trompé.
Oh ! qu'une telle mort est bien digne d'envie !
Les Anges, souriant à cette âme ravie,
La portent en triomphe au céleste séjour ;
Les Séraphins en chœur célèbrent sa victoire ;
Le Juge souverain, s'asseyant dans sa gloire,
Étend vers lui les bras et dit avec amour :
« Viens, ô mon bien aimé, fils béni de mon Père,
Viens régner avec moi. — Quand j'errais sur la terre,
Jamais ma faible voix ne t'implorait en vain.
Avec moi chaque jour tu partageais ton pain ;
Tu me voyais malade en mon humble masure,
Et ta voix sur mon cœur, ta main sur ma blessure,
Avec les plus doux soins versaient l'huile et le vin.
Sur mon corps frissonnant tu jetais ta tunique ;
Étranger, sous l'abri de ton toit domestique,
De l'hospitalité je goûtais la douceur ;
Jusqu'au fond des cachots ta présence angélique
Venait bercer ma peine, endormir ma douleur.
C'est moi que tu servais dans les pauvres que j'aime :

Ce que tu fis pour eux, tu le fis à moi-même.
Je n'avais rien alors... et tu m'as tout donné !...
Maintenant je suis riche! O fils prédestiné,
Viens, viens dans mon palais partager mes richesses,
Viens tressaillir d'amour sous mes saintes caresses
Et t'enivrer sans fin des vins de ma bonté.
Viens réchauffer ton cœur aux rayons de ma flamme,
Viens, serviteur fidèle, oh ! viens plonger ton âme
Dans l'éternel torrent de ma félicité. »

Amis, croyez-le bien, celui qui fait l'aumône,
Du Dieu de charité reçoit plus qu'il ne donne :
Il a les biens du ciel et les biens d'ici-bas,
Il ferme sous ses pieds les portes de l'abîme,
Il marche environné de tendresse et d'estime,
Et jouit d'un bonheur qui ne finira pas.
Au nom de l'équité, de Dieu, de la nature,
Donnez à l'indigent sans compter la mesure,
Ouvrez lui votre bourse et vos cœurs généreux;
Ayez pitié du pauvre et vous serez heureux.

# EMMA LA JEUNE ARTISTE

Mes chers enfants, cultivez la peinture,
D'Emma la jeune artiste imitez les travaux,
Toujours sa vie a coulé douce et pure
Entre sa mère et ses pinceaux.


Quand l'aube d'un beau jour blanchissait nos campagnes,
La vigilante Emma s'arrachait au sommeil,
Et, de son pas léger, gravissant les montagnes,
L'œil fixe, elle épiait le lever du soleil.
Puis, à l'heure où l'aurore
De ses beaux rayons dore
L'humble toit du chalet,
L'habitant du village
La voyait à l'ouvrage,
Créant un paysage
Sur son blanc chevalet.

Et l'onde à flots d'argent serpentait sur sa toile ;
La terre s'y parait d'épis, d'arbres, de fleurs ;
A l'horizon lointain une mourante étoile
Se perdait mollement en de blanches vapeurs.

      Ici, l'église antique,
      Là, le moulin rustique ;
      Près d'un manoir gothique
      Une chèvre, un bambin,
      Dont le doux front rayonne,
      Car Emma, sainte et bonne,
      A glissé son aumône
      Dans sa petite main.

Ou bien, pour nous donner une seconde vie,
Sur l'ivoire arrondi s'étendait sa couleur ;
Et, par un doux prestige, un parent, une amie
Revivaient sous sa main que dirigeait son cœur.

      De l'art sainte puissance !
      En vain la mort, l'absence
      Venaient à sa présence
      Ravir ses bien-aimés ;
      Sous la riche dorure,
      Leur vivante figure
      Souriait toujours pure
      A ses regards charmés.

Et quand le vent d'hiver, grondant aux portes closes,
Semblait crier au riche : « Oh ! soyez généreux !... »

Ses beaux tableaux brillaient parmi les belles choses
Qu'on vendait au profit des pauvres malheureux.

> Comme une tendre mère,
> Visitant la chaumière
> Où souffrait la misère,
> Elle ouvrait son trésor,
> Et c'était une fête!...
> Et sa main satisfaite
> Caressait la palette
> D'où lui venait cet or.

Et les mères voyaient sa mère avec envie,
Et chacun la disait bienheureuse ici-bas;
Et, sous maint toit de chaume, une femme attendrie
Répétait en serrant ses enfants dans ses bras :

> « Bénis la sainte fille
> Qui nourrit ma famille.
> Que sa jeunesse brille
> Pour nous chauffer encor!
> C'est un ange, sans doute...
> Sème de fleurs sa route ;
> Mais vers la sainte voûte
> Retarde son essor !

Ainsi croissait Emma sous l'aile de sa mère...
Mais la voix des méchants fit trembler les coteaux
Et toutes deux ont fui vers la terre étrangère...
Emma perdit, hélas, tout, hormis ses pinceaux.

14

Aux jours froids, quand ton aile
Fuit la saison cruelle,
Jamais, pauvre hirondelle,
Dieu ne t'abandonna.
Emma travaille et prie :
Hirondelle bénie,
Elle donne la vie
A qui la lui donna.

Grâce à cet ange aussi, plus d'un fils de la France,
Sur la terre d'exil ignora le besoin.
Chacun l'y bénissait. Quand le Dieu de clémence
Dit au torrent du mal : « Tu n'iras pas plus loin. »
Et la jeune émigrée,
Regagne la contrée,
Où naguère éplorée
Elle a laissé son cœur.
Une pâleur céleste
Pare son front modeste,
Auréole qui reste
D'un long et saint labeur !

Mes chers enfants, cultivez la peinture,
D'Emma la jeune artiste imitez les travaux.
Toujours sa vie a coulé douce et pure
Entre sa mère et ses pinceaux.

# L'ENFANT DE LA PRISONNIÈRE

*Venite, benedicti Patris mei... Quamdiu*
*fecistis uni ex his minimis, mihi fecistis.*
(Matth., xxv.)

Il se fait tard !... Hâtons-nous, bonne sœur.
Entre nos doigts que l'aiguille s'agite
   Pour l'innocence et le malheur,
    Pour la pauvre petite !

Bientôt, ma sœur, grâce à nos soins pieux,
Un doux tissu couvrira l'orpheline.
Le bon Dieu veille, il a sur nous les yeux.
Pensons au prix que son cœur nous destine :
Un jour, ma sœur, au céleste parvis,
Il nous dira : « Venez, enfants que j'aime ;
Ce que l'on fait à l'un de ces petits,
Toujours, toujours on le fait à moi-même. »

Naguère encor cette enfant de douleurs
Dans un cachot traînait sa vie amère.
Un peu de paille, un lait mêlé de pleurs,
C'est tout le bien qu'avait sa pauvre mère.
Comme une fleur, sous un air étouffant,
A son matin languit, se décolore,
Pâle, malingre ; ainsi la pauvre enfant
Vers le tombeau penchait dès son aurore.


Dieu, dont la main au tendre passereau
Vient chaque jour apporter sa pâture,
Dieu, qui soutient le petit arbrisseau,
A protégé la frêle créature.
Dans son cachot, comme un ange du ciel,
Je vois entrer la sœur hospitalière :
L'enfant s'endort sur son cœur maternel
Et se réveille au sein d'une chaumière.


Sous un ciel pur, au soleil du hameau,
Elle a repris ses grâces enfantines.
Ah ! par pitié ! de son humble berceau
Efforçons-nous d'écarter les épines.
La vie, hélas ! réserve assez de pleurs
Aux yeux si purs de notre jeune amie.
Du moins, ma sœur, semons de douces fleurs
Ses premiers pas au sentier de la vie.

Quand, l'autre jour, je voulus la bercer,
Levant vers moi sa riante paupière,
Ses petits bras s'ouvraient pour m'enlacer,
Sa douce voix balbutiait : « Ma mère ! »
Comme mon cœur, en cet heureux moment,
S'épanouit au cri de la nature !
Oui, le sourire aimable de l'enfant
D'un peu de bien nous paie avec usure !

Si je la quitte après un tendre adieu,
Il me paraît qu'au sein de son feuillage,
Le jeune oiseau, comme envoyé de Dieu,
Pour me fêter, adoucit son ramage.
Souvent mon âme, au milieu du sommeil,
Dans un doux songe a revu la chaumine :
« Dieu nous bénit, disais-je à mon réveil,
Allons encore, allons voir l'orpheline. »

Il se fait tard !... Hâtons-nous, bonne sœur ;
Entre nos doigts que l'aiguille s'agite
    Pour l'innocence et le malheur,
        Pour la pauvre petite !

LIVRE TROISIÈME

# LES ADIEUX

# ADIEUX A UN CONFRÈRE

Adieu, ministre saint, dont le rare mérite
S'est caché vainement sous ton humilité.
Pour le bonheur des tiens, tu fus connu trop vite,
Il faut quitter enfin la douce obscurité.
Adieu, fidèle ami dont l'âme fraternelle
S'unissait à nos cœurs par des liens si doux !
Nous ne murmurons point : c'est ton Dieu qui t'appelle ;
Mais, avant de partir, jette un regard sur nous.
Ne nous dérobe rien de l'heure fugitive
Qu'au foyer paternel tu peux couler encor.
Pour les flots orageux près de quitter la rive,
Laisse-nous t'arrêter au doux calme du port.
Tu nous as dit : « Jamais, ma nouvelle fortune
Du cœur qui vous chérit n'altérera l'amour,
D'un ami, sur qui pèse une gloire importune,
Ah ! venez quelquefois égayer le séjour. »
Oui, pour nous s'ouvrira ta porte hospitalière ;

Retrouvant au curé le bon cœur du vicaire,
Oui, nous irons te voir, t'embrasser quelque jour.
Adieu ! Que du bonheur l'étoile enchanteresse
Luise toujours sans voile à tes yeux satisfaits !
Adieu ! Que ton troupeau digne de ta tendresse,
Par le plus doux retour réponde à tes bienfaits !
Adieu ! Puisses-tu voir la brebis égarée,
Fuyant d'un sol impur le pacage mortel,
Accourir à ta voix par la grâce inspirée,
Et rentrer gémissante au bercail paternel.
Adieu ! Là, comme ici, sois une providence,
Pour rapprocher les cœurs, éclairer l'ignorance ;
Et confirmer la foi du languissant chrétien.
Adieu ! Là comme ici, veille à chaque misère ;
Qu'en toi les orphelins trouvent toujours un père,
Les vieillards un enfant, les pauvres un soutien !
Là, des cœurs inquiets apaise les alarmes ;
Qu'à tes rayons si purs se sèchent toutes larmes ;
Là, comme ici, toujours passe en faisant le bien.
A nos regards, hélas ! tu n'as fait qu'apparaître !...
Heureux sans doute, heureux celui qui t'a vu naître,
Les bras qui t'ont porté, le sein qui t'a nourri !
Plus heureux ceux qui vont recevoir ta parole,
Don divin qui toujours fortifie et console.
Adieu ! Par d'autres cœurs tu vas être chéri...
Et nous, nous gémirons, l'œil fixé sur la terre,
Semblables à ce peuple, au pôle confiné,
Qui, voyant s'éloigner la féconde lumière

De l'astre bienfaisant qui l'échauffe et l'éclaire,
Sous sa hutte de joncs s'enfonce consterné,
Jusqu'au retour tardif de la lointaine aurore,
Où, comme un vieil ami, le soleil vient encore
Réchauffer de ses feux ce sol infortuné.
Puisses-tu pour nos cœurs abréger ton absence,
N'être jamais par eux vainement attendu !
Reviens sous notre ciel charmer par ta présence
Le deuil toujours nouveau de ceux qui t'ont perdu.

# A UN MISSIONNAIRE

Père, depuis vingt jours, ta voix puissante et sainte
Aux Guînois réunis dans la pieuse enceinte
Sème, comme en un champ, le pain de vérité ;
Et nous sentons germer, dans notre âme attentive,
Par la grâce de Dieu que ta parole active,
Le fruit de la justice et de la charité.

A tes lèvres notre âme est comme suspendue ;
Une vertu d'en haut, une force inconnue,
Quand ton cœur se répand, sort de ta bouche d'or :
Et chacun croit entendre au dedans de soi-même
Comme un verbe caché qui remue et qu'on aime,
Et quand ta voix se tait, nous écoutons encor!...

Si tu montres de Dieu la parole féconde
De la nuit du chaos faisant jaillir le monde,
Semant mille soleils au sein du firmament,

Devant l'Être infini, courbant sa tête altière,
L'homme voit son néant, sent qu'il n'est que poussière
Et, tombant à genoux, il dit : « Dieu seul est grand ! »

Bientôt, pour nous soustraire au joug honteux du vice,
Dévoilant du péché la hideuse malice,
Tu portes sur la plaie et le fer et le feu.
Jusqu'au fond de nos cœurs pénètre un jet de flamme :
La lumière se fait, et chacun voit son âme,
Comme s'il se trouvait face à face avec Dieu.

Quand, du gouffre infernal entr'ouvrant le cratère,
Ta voix sous les arceaux roule comme un tonnerre,
Le pécheur éperdu se sent glacé d'effroi ;
La sombre vision en lui passe et repasse :
En vain il se raidit ; terrassé par la grâce
Il s'écrie : « O mon Dieu, prenez pitié de moi ! »

Et l'homme, connaissant sa profonde misère,
Comme le fils ingrat qui revient à son père,
Murmure : « J'ai péché ; pardonnez-moi, Seigneur ! »
Dieu dans ce repentir voit une autre innocence,
Et, couvrant ses écarts de sa douce clémence,
Ouvre à l'enfant prodigue et ses bras et son cœur.

Sous quels traits ravissants tu peins la conscience
Du chrétien plein de foi, d'amour et d'espérance !

Ta parole nous semble un luth harmonieux,
Et tous nous sommes prêts à marcher dans la voie
Qui seule peut donner la véritable joie,
Le bonheur sur la terre et le bonheur aux cieux.

En vain nos passions et Satan, leur complice,
Déploieront contre nous leur cruelle malice,
Nous ne faiblirons pas à l'heure du combat;
Nous foulerons aux pieds leurs perfides amorces;
Car dans le cœur du Christ nous puiserons nos forces,
Et sous l'œil d'un tel chef que ne peut un soldat?

Ta voix ne sera pas la stérile semence,
Tombant, dit l'Esprit-Saint, sans donner d'espérance,
Sur un terrain pierreux, sur un chemin battu;
Notre âme deviendra cette terre bénie,
Où le germe divin éclot et fructifie,
Donnant une moisson de grâce et de vertu.

# LIVRE QUATRIÈME

# ALLÉGORIES ET ACTUALITÉS

# EPIGRAPHE


A MA NIÈCE, MADEMOISELLE ÉLISABETH MONTEUUIS

La vie est un album où chacun de nous trace
Ses fautes, ses vertus, ses plaisirs, sa douleur,
Jusqu'à ce que la mort, avec sa main de glace,
Ferme chaque volume et le porte au Seigneur.

Les fleurs, l'azur et l'or se mêlent sur la page
Quand le cœur est content, quand le ciel est serein;
Mais notre joie est rare et l'on trouve à chaque âge
Bien des feuillets, hélas! noircis par le chagrin,

Qu'il n'en soit pas ainsi pour toi, ma chère amie,
Et puissent chaque jour nos yeux et notre cœur
Sur chacun des feuillets du livre de ta vie
Ne trouver que ce mot : « Le bonheur! le bonheur! »

# L'ALBUM

> Un album est un *parterre* émaillé de
> fleurs, une *cassolette* pleine de parfums,
> une *volière* remplie d'oiseaux qui chantent,
> un *édifice* à la construction duquel chacun
> apporte sa pierre, une *galerie* de tableaux,
> un *écrin*, une *couronne* de joyaux; enfin une
> *académie* composée de personnes aimées.

Sur votre riche album quand l'esprit et le cœur
Auront mis tour à tour une offrande bien chère,
A chacun des feuillets vous verrez une fleur :
De la douce amitié ce sera *le Parterre.*

Chacun viendra brûler son petit grain d'encens
Sur le velin si pur de la page coquette,
Et l'élégant livret aux parfums ravissants,
De la douce amitié sera *la Cassolette.*

Les suaves accords de mille chants nouveaux

S'exhaleront ici de la feuille légère ;
Et les poëtes saints, harmonieux oiseaux,
De la douce amitié formeront *la Volière.*

Heureux de travailler au gentil monument,
Dont ma novice main bâtit le frontispice,
Chacun apportera sa pierre et son ciment ;
De la douce amitié ce sera *l'Édifice.*

La plume et le pinceau de cent croquis divers
A l'envi l'orneront pour vous, ma chère amie,
Ces tableaux, ces dessins illustrant de beaux vers,
De la douce amitié seront *la Galerie.*

Tous voudront incruster une perle, un grain d'or,
Un brillant, un rubis, un bijou qui rayonne,
Et de tous ces joyaux, éblouissant trésor,
Former de l'amitié *l'Écrin* et *la Couronne.*

Puis au bas des croquis, des vers harmonieux,
Vous lirez des noms chers à votre âme ravie,
Et les auteurs aimés de ces riens gracieux
De la douce amitié seront *l'Académie.*

# SOUS UN GROUPE ENFANTIN.

Grâce au prestige heureux d'un pinceau créateur
Qui reproduit nos traits sous sa touche légère,
Nous serons donc toujours sous tes yeux, ô bon Père,
Comme toujours aussi nous sommes dans ton cœur.

O Père bien-aimé, veux-tu savoir pourquoi
La joie en ce portrait brille sur nos visages ?
Vois-tu, quand le pinceau dessinait nos images,
La Saint-Pierre approchait et nous pensions à toi.

# A MON PHOTOGRAPHE

Pour mon portrait, Alfred, merci, cent fois merci !
Comme il est ressemblant ! C'est bien moi ! me voici
Reproduit trait pour trait. De ta boîte secrète
Je suis sorti vivant ! Vraiment je doute encor
Qu'un portrait soit tracé dans ce beau cadre d'or.
Je n'y vois qu'un miroir, et c'est moi qu'il reflète.

Vrai devin, ton talent sur mon front soucieux
Fait voir mes rêves, peint mon âme dans mes yeux.
Qui t'apprit ce secret, artiste poétique ?
Sais-tu que c'est très beau de faire, en un moment,
Venir une âme au fond de ton bel instrument,
Et puis de la fixer sur le papier magique ;

Beau de rendre la forme et presque la couleur
Des visages moulés par la main du Seigneur,

De placer, comme Lui, dans l'œil des étincelles,
Sur les dents de l'émail, dans les veines du sang,
Et d'imiter ainsi l'œuvre du Tout-Puissant,
Votre grand Maître à tous, qui vous fait vos modèles?

# VIENS, MA SŒUR!

Ouvre ta voile au souffle de la brise,
Vaisseau léger qui portes notre sœur,
Et que la main du Seigneur te conduise
Au doux rivage où l'attend notre cœur.

Bientôt ici ton aimable présence
Viendra combler nos désirs, notre espoir.
Oh! quand on s'aime, après deux ans d'absence,
Que de bonheur on goûte à se revoir!

Nous soupirons après toi, Caroline,
Comme le cerf soupire après les eaux,
Comme l'esquif que la tempête incline
Aspire au port où l'attend le repos.

Car nous l'aimons cette sœur angélique,
Comme l'abeille aime la fleur du thym,

Comme le lierre aime l'ormeau rustique,
Comme Jacob aimait son Benjamin.

Mais voyez-vous là-bas poindre un navire ?
Il vient bercé par les flots écumants ;
Un ange est là qui semble nous sourire :
« Mon Dieu ! c'est elle avec ses trois enfants ! »

## REVENEZ VITE


Depuis votre départ une tristesse amère
  Pèse sur tous les cœurs ;
L'orphelin délaissé redemande sa mère
  Par des cris et des pleurs ;
Le vieillard sans appui croit que Dieu l'abandonne ;
  Sa prière et ses vœux
Appellent le retour de sa douce Antigone.
  Oh ! revenez près d'eux !


Le malade, privé de la sainte parole
  Qui le réconfortait,
S'écrie en vous nommant : « Que l'ange qui console
  Revienne à mon chevet ! »
Et nous, vos bons amis, pour qui votre présence
  Était un bien si doux,
Nous disons avec lui, déplorant votre absence :
  « Revenez vite à nous ! »

# LES ECOLIERS ET LE POÊLE

## OU

## LES FAUX AMIS

*Donec eris felix, multos numerabis amicos;*
*Tempora si fuerint nubila, solus eris.*
Heureux, vous trouverez des amitiés sans nombre,
Mais vous resterez seul si le temps devient sombre.

Il était un grenier, découpé par trois chambres;
Et là, durant l'hiver, sans paravent, sans feu,
N'ayant pour se chauffer que la grâce de Dieu,
Trois pauvres écoliers tremblaient de tous leurs membres.
L'œil en pleurs, le nez bleu, la tête et les pieds froids,
Ces jeunes chevaliers de la triste figure,
Drapant sur leur échine un pan de couverture,
Laissaient tomber leurs livres et soufflaient dans leurs doigts.
A leurs yeux enfoncés, à leur teint sombre et blême

Que ne rougit jamais l'Aï ni le Bordeaux,
A leurs corps amaigris par un constant carême,
Et surtout aux longs plis de leurs pâles manteaux,
On croirait que trois morts, habitants des ténèbres,
Entrés par la lucarne aux sifflements des vents,
Traînent sur le plancher leurs suaires funèbres
Et s'agitent en peine au séjour des vivants.
Mais non ! il n'en est rien, et chaque pauvre hère,
Traqué, persécuté par l'aquilon maudit,
Et, quoique près des cieux, frissonnant de misère,
Sent bien qu'il est un corps et non pas un esprit.
Cependant du logis le vieux propriétaire
Lève sur nos martyrs un regard de pitié,
Et, les faisant du ciel descendre sur la terre,
De son feu de charbon leur offre la moitié.
Adieu les froids bouquins et les froides cellules !...
Des écoliers transis le trio grelottant
Court, vole et vient s'offrir aux brillants corpuscules
Qu'exhale du foyer le tube étincelant.
L'on forme un demi-cercle à deux pas de distance,
Front courbé, main tendue et regards abaissés.
On fait sa cour au poêle ; on le prône, on l'encense,
On l'honore à l'envi par des soins empressés.
L'un trouve à son haleine un parfum d'ambroisie ;
L'autre vante son ton, sa noble courtoisie,
Et les bienfaits nombreux qu'il répand chaque jour,
Et la haute chaleur de sa philanthropie !
Si les cœurs sont glacés, les mots brûlent d'amour.

Mais tout à coup voici le spectacle qui change.
Le feu tombe... Avec lui tombe aussi la louange.
On rit du pauvre poêle et de ses froids tuyaux ;
On fuit ; on l'abandonne à sa misère extrême.
C'étaient, vous le voyez, ses feux et non lui-même,
Qui captivaient les cœurs de nos trois jouvenceaux.

Telle est, ô mon enfant, la trop fidèle image
De ces ombres d'amis que donnent les grandeurs :
Tant qu'en son bon plaisir la fortune volage
Vous berce, vous sourit, vous comble de faveurs
Et veut faire de vous un brillant personnage,
Vous marchez entouré d'un essaim de flatteurs.
Tout le monde vous aime et vient vous rendre hommage,
Vous prodiguer l'encens et les prostrations ;
On érige en vertu toutes vos actions,
Des talents, du mérite on trouve en vous la source ;
Chacun sur vos dehors compose son maintien,
Chacun vient vous offrir son sang... voire sa bourse,
Tant que l'on peut se dire : « Il ne manque de rien ! »
Mais si, par un beau jour, la fortune changeante
Devient traîtresse autant qu'elle fut indulgente,
Et vous présente enfin la coupe des revers,
Bientôt de vos flatteurs fuit la troupe hypocrite :
Le vent froid du malheur chasse ces cœurs pervers ;
Ils sont sourds à la voix de l'honneur, du mérite,
L'intérêt personnel est leur seule raison,
Et, d'un air dédaigneux, ils quittent la maison,

Quand Plutus a cessé d'y faire aussi visite.
Alors, d'un vil encens voyant la vanité,
Maudissant des grandeurs la pompe mensongère,
Vous restez seul au sein de leur foule étrangère...
Seul en face du mal et de l'adversité.

# LES ÉTAPES DE LA VIE

# AUPRÈS D'UN BERCEAU

Aux jours heureux de mon adolescence,
Quand le soleil à l'horizon lointain,
Apparaissait dans sa magnificence,
Je souriais aux rayons du matin.
Et quand la nuit couvrait tout de son voile,
J'aimais l'étoile au front d'un ciel obscur...
Beaux yeux du ciel, soleil, riante étoile,
Point ne valez les yeux de mon Arthur.

Aux jours heureux de mon adolescence,
J'aimais à voir le frêne aux longs rameaux
Qu'un doux zéphir si mollement balance ;
J'aimais le saule incliné sur les eaux.
Je regardais onduler dans les plaines,
Comme à flots d'or les épis du blé mûr...
Cheveux des champs, des saules et des frênes,
Point ne valez les blonds cheveux d'Arthur.

Aux jours heureux de mon adolescence,
J'admirais l'or, l'azur et le carmin
Que mélangeait l'aimable Providence
Sur les beaux fruits qui brillaient au jardin ;
J'aimais les fleurs nouvellement écloses
De leurs rubis tapissant le vieux mur...
Teint parfumé des pommes et des roses,
Point ne valez le teint de mon Arthur.

Aux jours heureux de mon adolescence,
J'aimais à voir les tout petits agneaux,
Beaux de blancheur, de grâce et d'innocence,
Bondir gaîment sur nos riants coteaux.
Mes yeux suivaient aux buissons du bocage
Le papillon si brillant et si pur...
Doux jeux d'agneaux, de papillon volage,
Point ne valez les jeux de mon Arthur.

Aux jours heureux de mon adolescence,
Plus d'une fois, ravie en mon sommeil,
Je vis un ange, et sa sainte présence,
Par un doux charme éloignait mon réveil ;
Et j'entendais vibrer comme une lyre,
Quand il ouvrait ses deux ailes d'azur...
Ange du ciel, ange au divin sourire,
Point ne valez mon ange, mon Arthur.

Dieu protecteur des enfants et des mères,
Sur mon Arthur, oh ! veille avec amour !
Pour le bénir, que les anges, ses frères,
Vers son berceau descendent tour à tour.
Sème de fleurs le sentier de sa vie ;
Qu'il ait toujours un front rosé, un cœur pur,
Comme ton Fils qu'il soit cher à Marie,
Et, comme moi, qu'elle aime mon Arthur !

# A DE JEUNES PENSIONNAIRES



*Cor et mentem colere nitimur.*
(Devise de M. Barthélemy Monteuuis-Broutta.)

Nous cherchons à former et l'esprit et le cœur;
Les arts et la vertu conduisent au bonheur.


O mes enfants, que vous êtes heureuses!
De votre ciel rien ne ternit l'azur ;
Loin des écueils voguant insoucieuses,
Comme vos cœurs, votre bonheur est pur.
Vous souriez quand vous sourit l'aurore,
Vous souriez quand le jour brille ou fuit,
L'ange des nuits vous voit sourire encore;
O mes enfants, le bon Dieu vous bénit.


Au doux pays qui vous donna naissance
Naguère encor vos jours coulaient en paix,

Près d'une mère, aimable providence,
Qui vous couvrait de ses tendres bienfaits.
Le Ciel, enfants, vous est toujours prospère ;
Pour cultiver votre cœur, votre esprit,
Vous retrouvez en ces lieux une mère,
Et le bon Dieu, mes enfants, vous bénit.

Dans vos congés, si le ciel sans nuage
Étend sur vous son écharpe d'azur,
D'un pas joyeux vous courez au village,
C'est là surtout que le plaisir est pur.
De la nature admirant les merveilles,
Le long des bois ou du ruisseau qui fuit,
Vous voltigez comme un essaim d'abeilles,
Et le bon Dieu, mes enfants, vous bénit.

Parfois, le soir porte à la rêverie...
Suivant alors les nuages du ciel,
Votre cœur vole à la chère patrie,
Vous vous croyez au foyer paternel.
Doux souvenir ! ravissante espérance !
L'heureux passé, l'avenir qui sourit
Viennent combler le vide de l'absence,
Et le bon Dieu, mes enfants, vous bénit.

Loin des regards, le mineur sous la terre
Creuse et s'enfonce, afin d'en tirer l'or,

Et puis bientôt il revoit la lumière,
Joyeux et fier de son riche trésor.
Ainsi voulant, dans votre solitude,
A l'or du cœur joindre l'or de l'esprit,
Vous travaillez, au flambeau de l'étude,
Et le bon Dieu, mes enfants, vous bénit.

Pour vous former à la saine morale,
On vous instruit, l'Evangile à la main ;
Vous respirez les saints parfums qu'exhale
Chaque feuillet de ce livre divin.
Et, des vertus le plus parfait modèle
S'offrant à vous dans le sublime écrit,
Pour l'imiter vous redoublez de zèle,
Et le bon Dieu, mes enfants, vous bénit.

Vous cultivez, vous aimez la lecture ;
Car un bon livre est la manne du cœur ;
C'est un foyer dont le feu nous épure,
C'est un ami qui charme et rend meilleur.
Quand vous lisez ces bons et saints ouvrages,
D'où la lumière en votre âme jaillit,
Vous vous sentez plus fortes et plus sages,
Et le bon Dieu, mes enfants, vous bénit.

Guidant la plume en des lignes tracées,
Vous apprenez cet art ingénieux

Qui peint les sons, colore les pensées,
Visible voix, langue qui parle aux yeux.
Vous confiez à la feuille légère
Les sentiments qu'en vous l'amour nourrit;
Le doux écrit va charmer votre mère,
Et le bon Dieu, mes enfants, vous bénit.

Vous exhumez, au flambeau de l'histoire,
Les temps passés et les peuples divers;
Et des bons rois, vous aimez la mémoire,
Et des tyrans vous abhorrez les fers.
Puis, par delà ce monde périssable,
Cherchant la main qui couronne ou punit,
Vous trouvez Dieu, seul grand, seul immuable,
Et ce grand Dieu, mes enfants, vous bénit.

Vous explorez, par la cosmographie,
Cet univers qu'un Dieu bon fit pour nous,
Et, de son œuvre admirant l'harmonie,
Pour le louer, vous tombez à genoux.
Tout vous instruit, la fleur, l'oiseau qui passe,
Le grain de sable et la mer qui mugit,
Et ces grands corps qui roulent dans l'espace,
Et le bon Dieu, mes enfants, vous bénit.

Vous visitez chaque état, chaque ville,
Le sol natal et les lointains climats,

Et vous passez de la plaine fertile
Aux pics glacés qu'habitent les frimas.
Vous gravissez la montagne sublime
Que de sa pourpre un sang divin teignit ;
Le front pensif, vous pleurez sur sa cime,
Et le bon Dieu, mes enfants, vous bénit.

Il faut à l'arc des moments de relâche ;
Ainsi l'esprit a besoin de repos,
Et vous savez, par une utile tâche,
Vous délasser des classiques travaux.
Dans maints tissus le fil passe et repasse,
Sous vos pinceaux la nature revit,
C'est l'atelier qui succède à la classe,
Et le bon Dieu, mes enfants, vous bénit.

Il est des jours où l'étude est amère ;
Mais, en pensant combien son fruit est doux,
Nulle ne veut demeurer en arrière,
Et vous luttez de courage entre vous.
On se dispute avec ardeur la gloire
De conquérir ce riche et noble fruit,
Et chaque peine accroit votre victoire,
Et le bon Dieu, mes enfants, vous bénit.

Soir et matin, à genoux sur la pierre,
Levant au ciel des yeux pleins de ferveur,

Vous répandez votre sainte prière,
Comme un parfum, sur les pieds du Seigneur,
Et vous allez à la table des anges
Chercher ce pain dont l'âme se nourrit ;
Alors vos cœurs éclatent en louanges,
Et le bon Dieu, mes enfants, vous bénit.


Que votre part est belle sur la terre !
Mais c'est Dieu seul qui l'a faite pour vous,
Et de ses dons nulle de vous n'est fière,
Et vous savez les lui rapporter tous.
L'humilité qui sied à la jeunesse,
Qui dans votre âme à la bonté s'unit,
D'un nouveau charme orne en vous la sagesse,
Et le bon Dieu, mes enfants, vous bénit.


Comme une perle, à votre front timide
On voit briller l'angélique pudeur,
Et votre bouche au langage candide
Se fait toujours l'écho de votre cœur.
Et, ressemblant à l'humble violette,
Qu'au fond des bois sa douce odeur trahit,
Vous vous plaisez dans l'ombre et la retraite,
Et le bon Dieu, mes enfants, vous bénit.


Si devant vous on attaque vos frères,
Vous imitez le bon Samaritain,

En vous montrant leurs anges tutélaires
Et sur le mal versant l'huile et le vin ;
Du pauvre absent vous prenez la défense,
Ou la douleur, que sur vos traits on lit,
Muet reproche, éteint la médisance,
Et le bon Dieu, mes enfants, vous bénit.

Dieu nous l'a dit, le pauvre est notre frère ;
Le visitant à l'ombre du secret,
Votre passage adoucit sa misère :
Il est si doux le peu de bien qu'on fait !
Et l'indigent, oubliant sa souffrance,
S'écrie : « Un ange a paru dans ma nuit ! »
Pour vous il prie avec reconnaissance,
Et le bon Dieu, mes enfants, vous bénit.

Il est un terme aux beaux jours du jeune âge...
Le temps est court, le bonheur fugitif ;
A l'horizon je vois poindre l'orage,
Qui va bientôt tourmenter votre esquif.
Quand viendra l'heure où l'onde est moins limpide,
Où le flot s'enfle, où le ciel s'obscurcit,
Ne craignez point, une étoile vous guide,
Priez Marie et Dieu qui vous bénit.

Comme ici-bas la timide hirondelle
Fait de sa vie un éternel printemps,

Ainsi votre âme, à Dieu toujours fidèle,
Par la vertu charme tous ses instants ;
Puis vient un jour où la céleste enceinte
S'ouvre et rayonne à vos yeux éblouis,
Et Dieu vous dit, d'une voix douce et sainte :
« O mes enfants, venez, je vous bénis. »

# PROFESSION RELIGIEUSE

Il brille enfin ce jour le plus beau de ma vie !
Échappant aux dangers d'une mer ennemie,
Ma nacelle entre au port.
Je n'avais qu'un désir et Dieu le réalise ;
Je passe du désert en la terre promise ;
Oh ! bénissez mon sort.

En ces lieux la prière et le pieux cantique,
Et les exemples saints et la manne mystique,
Tout porte à Dieu le cœur.
L'innocence et la paix habitent cet asile,
Et des jours qu'on y passe, un seul vaut mieux que mille
Dans un monde trompeur.

Là je laisse, il est vrai, des compagnes bien chères,
Une mère, une sœur, des parents et des frères
Que toujours j'aimerai,

Il en coûte à mon cœur, mais dans tout sacrifice
Il faut que sous le fer la victime gémisse ;
    Ils prieront, je prierai.


Et nos anges gardiens, s'élançant de la terre,
S'en iront déposer aux pieds du divin Père
    Ma prière et leurs vœux.
Nos pensers jusqu'au ciel monteront sur leurs traces,
Et nos vœux mutuels redescendront en grâces
    Sur moi comme sur eux.


Pensez à mon bonheur ; ne versez point de larmes ;
Près du Seigneur la vie a pour moi tant de charmes
    En ce séjour de paix !
Je suis heureuse. Un jour dans le ciel où tout aime,
Nous nous retrouverons, au sein de Dieu lui-même,
    Réunis pour jamais.

# LE REVE DU JEUNE HOMME

STROPHES CHANTÉES PAR SON NEVEU, M. FERDINAND MONTEUUIS
LE JOUR DE SON MARIAGE

Quand je rêvais, pensant au mariage,
De ma compagne esquissant le portrait,
Je crayonnais dans cette chère image,
Des filles d'Ève un modèle parfait.
Ce type heureux d'une femme accomplie,
Réalisant tous les vœux de mon cœur,
Je le rencontre en toi, ma Léonie...
En te trouvant, j'ai trouvé le bonheur.


J'allais disant : « Je voudrais dans ma femme
Trouver la grâce unie à la beauté,
Et que le Ciel eût caché dans son âme
Un doux trésor d'amour et de bonté.
Ce type heureux d'une femme accomplie,
Réalisant tous les vœux de mon cœur,

Je le rencontre en toi, ma Léonie...
En te trouvant, j'ai trouvé le bonheur.

Je la voudrais pieuse comme un ange,
Dans sa maison comme dans le saint lieu,
Faisant monter chaque jour sa louange,
Suave encens, vers le trône de Dieu.
Ce type heureux d'une femme accomplie,
Réalisant tous les vœux de mon cœur,
Je le rencontre en toi, ma Léonie ;
En te trouvant j'ai trouvé le bonheur.

J'aimerais bien que de l'humble misère
Elle se plût à calmer les douleurs,
Qu'elle apparût au sein de la chaumière,
Pour consoler et pour sécher des pleurs.
Ce type heureux d'une femme accomplie,
Réalisant tous les vœux de mon cœur,
Je le rencontre en toi, ma Léonie ;
En te trouvant j'ai trouvé le bonheur.

Je la voulais intelligente, active,
Pleine à la fois de zèle et de raison,
Veillant à tout, se montrant attentive
A diriger avec soin la maison.
Ce type heureux d'une femme accomplie,
Réalisant tous les vœux de mon cœur,

Je le rencontre en toi, ma Léonie ;
En te trouvant, j'ai trouvé le bonheur.

Je souhaitais trouver dans sa famille
Des gens d'honneur, d'insigne probité,
Dont la vertu, comme une perle brille,
A qui l'on porte un respect mérité.
Cette famille honorable et bénie,
Réalisant tous les vœux de mon cœur,
Autour de toi, je la vois, Léonie,
Et tout ici concourt à mon bonheur.

Parents chéris, bon père et bonne mère,
Qui souriez à vos enfants heureux,
Et vous, amis, au cœur franc et sincère,
Dont la présence est si douce en ces lieux,
En ce grand jour, le plus beau de ma vie,
Unissez tous votre cœur à mon cœur,
Portons gaîment un toast à Léonie,
A ses parents, à leur parfait bonheur.

# AUX JEUNES ÉPOUX

Aux livres saints j'ai lu que le jeune Tobie
Fut conduit vers Sara par un ange du ciel ;
De même, heureux époux, l'ange de sympathie
Vous mena l'un vers l'autre, et tous deux à l'autel.

En unissant vos mains le prêtre unit vos âmes ;
Saints échos de vos cœurs, vos mutuels serments
Sont montés vers le Ciel comme de saintes flammes,
Comme aux voûtes du temple on voit monter l'encens.

Vos cœurs jusqu'aujourd'hui sans orage et sans trouble,
Unis vont se trouver encore plus heureux,
Car le bonheur de deux mis en commun se double,
Et chacun croit goûter le bonheur de tous deux.

Dans ce monde changeant s'il vient quelque nuage,
Si votre ciel était un moment assombri,

L'un sur l'autre appuyés vous braverez l'orage,
Vous serez l'un pour l'autre un doux et sûr abri.

Et Dieu, dans son amour, vers vous fera descendre
Un bel ange sans aile, un ange aux blonds cheveux,
Qui vous regardera d'un air si doux, si tendre,
Que ce sera pour vous un avant-goût des cieux.

Alors vos vœux seront accomplis sur la terre,
Et vous tressaillerez de joie en l'embrassant,
Quand de sa voix naïve il dira : *Père! Mère!*
Et qu'heureux et ravis, vous direz : *Mon enfant!*

Et ces trois petits mots d'une grâce infinie,
Comme un écho d'amour, monteront au saint lieu ;
Leur son si doux au cœur, leur suave harmonie
Au ciel fera sourire et réjouira Dieu.

Et vous joindrez vos voix pour chanter la louange
De ce Dieu qui, pour vous épuisant ses faveurs,
Vous fera sur la terre, avec ce petit ange,
Comme un beau paradis plein de tous les bonheurs.

# LES NOCES D'OR

..... *Deus nobis hæc otia fecit.*

Tel qu'un vieil olivier parmi ses rejetons,
Je verrai de mes fils les brillantes années
Parer mon front heureux de leurs jeunes festons.
(Lamartine.)

Au temps passé, dit la vieille chronique,
Pour rappeler un hymen des plus beaux,
Près du perron de son manoir antique,
Un châtelain fit planter deux ormeaux.
Sur le castel le Dieu de la nature
Jeta toujours un regard protecteur :
Des deux ormeaux il bénit la verdure,
Aux deux époux il donna le bonheur.

Du vieux castel la porte hospitalière
S'ouvrait souvent pour la douce amitié ;

L'humble orphelin y retrouvait un père,
Le malheureux y goûtait la pitié.
 *Sur le castel*, etc., etc.


Avec le temps arriva la famille :
Près des ormeaux crûrent des rejetons,
Près des époux une troupe gentille
Vint au banquet se grouper en festons.
 *Sur le castel*, etc., etc.


Ces rejetons, de leur jeune feuillage,
Couvraient le front des ormeaux inclinés :
D'enfants chéris ce brillant entourage
Rajeunissait les époux fortunés.
 *Sur le castel*, etc., etc.


Dix lustres pleins ont passé sans orage
Sur les heureux habitants du castel ;
Jamais, jamais le plus léger nuage
Des deux époux ne troubla le beau ciel.
 *Sur le castel*, etc., etc.


Pour bien fêter une époque si chère,
Tu vois, grand Dieu, tous les cœurs empressés ;
Tableau touchant !... Sur le père et la mère
Avec amour tous les yeux sont fixés.

Dans ces moments si doux à la nature,
Jette sur eux un regard protecteur :
Des deux ormeaux protège la verdure,
Des deux époux redouble le bonheur.

———

# FEUILLES DE SAULE

> *Ego vadam ad eum : ille vero non re-*
> *vertetur ad me.*
>
> (Reg., ii, 12, 23.)

Dieu lui-même est ta récompense !
Tu ne reviendras plus à moi ;
Mais, ô sainte et douce espérance !
Chère âme, un jour j'irai vers toi.


## POUR UN ENFANT


D'innocence et de grâce harmonieux mélange,
Ici, comme une fleur, tu n'as brillé qu'un jour ;
Tu fus un ange au terrestre séjour,
Tu seras dans le ciel un ange.

POUR UNE JEUNE FILLE

Ange du ciel, descendu sur nos voies,
Pour les semer de doux soins et de fleurs,
Par sa tendresse elle doublait nos joies,
Et nous faisait oublier nos douleurs.

Le Ciel l'a réclamée... Un ange du Seigneur
Sur sa couche incliné, la couvrant de ses ailes,
Disait en souriant : « Viens là-haut, viens, ma sœur. »
Et l'âme le suivit aux voûtes éternelles.

POUR UNE MÈRE

Hélas ! depuis cinq jours tu souffrais, faible femme,
Au creuset des douleurs s'épurait ta belle âme,
Et tes petits enfants, doux anges du Seigneur,
Sont descendus du ciel et t'ont dit : « Venez, mère,
» Vous avez assez bu de cette lie amère !... »
Et tu les as suivis au séjour du bonheur !

Tu fis le bien, et Dieu là-haut te récompense.
Heureuse pour toujours en sa sainte présence,
Jamais plus, Élisa, tu ne viendras à nous !
Mais, ô suave espoir ! doux baume à notre peine !
Un jour, un jour aussi tombera notre chaîne,
Et dans le sein de Dieu nous nous reverrons tous.

Soutien des indigents, mère, épouse accomplie,
Comme un ange de Dieu tu passas dans la vie,
Autour de toi, partout répandant le bonheur.
Oh ! souviens-toi de nous près de Dieu notre père !
Élisa, sois au ciel, ainsi que sur la terre,
Pour ceux qui t'ont perdue, un ange protecteur.

FIN

# TABLE DES MATIÈRES

## BIOGRAPHIE

## CHAPITRE III

### LE GRAND SÉMINAIRE D'ARRAS — LA PAROISSE DE NOTRE-DAME A SAINT-OMER



## CHAPITRE IV

### L'ABBÉ MONTEUUIS, CURÉ DE GUÎNES : SON MINISTÈRE

## CHAPITRE V

### L'ABBÉ MONTEUUIS CURÉ DE GUÎNES : SES ŒUVRES PAROISSIALES



## CHAPITRE VI

### L'ABBÉ MONTEUUIS CURÉ DE GUÎNES : LE BON PASTEUR



## CHAPITRE VII

### L'ABBÉ MONTEUUIS DOYEN DE GUÎNES

## CHAPITRE VIII

### L'ABBÉ MONTEUUIS ET SA FAMILLE — LES FÊTES DE SON JUBILÉ



## CHAPITRE IX

### DERNIÈRES ANNÉES DE L'ABBÉ MONTEUUIS

# POÉSIES

---

## LIVRE PREMIER



## LIVRE II



## LIVRE III

## LIVRE IV



## LIVRE V



ÉMILE COLIN — IMPRIMERIE DE LAGNY